Melanie und Simon Schüer

Babybrei & Bettgeflüster

Über die Autoren

Melanie Schüer ist Erziehungswissenschaftlerin und freie Autorin, unter anderem für die Zeitschrift „Family" sowie die Portale www.elternleben.de und www.babycenter.de. 2014 hat sie die Kinderbibel „Mara und Timo entdecken die Bibel" veröffentlicht, Anfang 2017 erschien bei Gerth Medien „Hey Gott, du bist echt spitze! 77 Geschichtenandachten für die ganze Familie". Melanie Schüer berät Eltern von Babys und Kleinkindern mit Schlaf- und Schreiproblemen sowie Schwangere (www.neuewege.me).
Simon Schüer ist Physiker und hat nach seinem Studium Crash-Berechnungen für Autos durchgeführt. Seit 2017 unterrichtet er an einer Gesamtschule Physik und Mathematik. Er erforscht gern, „was die Welt im Innersten zusammenhält" – ob in physikalischen oder zwischenmenschlichen Fragen.
Die beiden haben zwei Kinder, Lias und Josephin.

Melanie & Simon Schüer

Babybrei und Bettgeflüster

Erprobte Tipps und Impulse für Schwangerschaft, Erziehung und Partnerschaft

GerthMedien

Gewidmet unseren Kindern, die unser Leben täglich herausfordern und bereichern

Inhalt

1. Das Familien-Balance-Modell 13

2. The wind of change – Von den natürlichen Höhen und Tiefen einer Liebesbeziehung 17

Schmetterlinge im Bauch und der erste unsanfte Aufprall in der Realität 19

Gut streiten 20

Einen gemeinsamen Rhythmus finden 25

Sexuelle Anlaufprobleme 26

Verhütung 27

Alles nur eine Phase 31

Von Glückssuchern und Zweckgemeinschaften 33

3. Schwangerschaft – Jetzt wird alles anders! 39

Ein kleines Wesen stellt alles auf den Kopf 41

Schwangerschafts(konflikt)beratung 43

Körperliche Veränderungen und so viele Entscheidungen ... 44

Von Anfang an Hebammenhilfe nutzen 44

Gehen Sie bewusst mit Untersuchungen um 45

Übelkeit 46
Achten Sie auf eine gute Ernährung 47
Ständig müde und erschöpft 48
Stimmungsschwankungen und Weinattacken.............. 50
Vorzeitige Wehen 50
Schlaf, Mama, schlaf 51
Verdauungsprobleme 51
Fitte Mama, fittes Baby – Bewegung in der Schwangerschaft 52
Entspann dich doch mal! 53
Hallo Baby, wie geht es dir? Bindung beginnt im Mutterleib 54
Die Schwangerschaft als Paar erleben 55
Die ersten Weichen frühzeitig stellen:
Wie wollen wir als Familie leben? 56

4. Die Geburt – die Reise ins Leben 61
Wo sind die guten Geburtsberichte? 64
Was oft in der Geburtshilfe schiefläuft –
und wie Eltern damit umgehen können 65
Geburt – wo und mit wem? 68
Wehen bewältigen – natürliche Methoden 70
Wellen statt Wehen – eine neue Sprache für eine
positive Geburt 71
Achtsamkeit in der Geburtsvorbereitung 72
Stärkende Worte 75
Bewegung und weitere Tipps 76
Mann kann ... sich bei der Geburt aktiv einbringen 77
Das Baby willkommen heißen 79

5. Das Wochenbett – anstrengend und zauberhaft! 83
Ruhe, Ruhe, Ruhe 85

Heultage oder mehr? 86
Die Mama-Kind-Symbiose oder: Wenn Väter
eifersüchtig sind 87
Die Geburt verarbeiten 89
Paarbeziehung im Wochenbett 90
Zärtlichkeit im Wochenbett 91
Stillen 92
Wie Männer das Stillen fördern können 95
Geschrei ohne Ende: Warum weint unser Kind so viel? 96
Was bei Schreiproblemen hilft: die TROST-Methode 98
1. Der BASIS-Check 99
2. Die TROST-Methode 100
HalT geben: 101
Reizreduktion: 101
LOslassen: 102
AuSzeit: 103
EnTspannungshilfen: 103

6. Erstes Lebensjahr – Augenringe und Entzücken 107
Liebe im Ausnahmezustand: Meine Bedürfnisse,
deine Bedürfnisse 108
Zeit für uns? 110
Im Alltag die richtigen Prioritäten setzen 114
Sex und der entspannte Umgang mit dem eigenen Körper 116
Wenn es in der Liebe kriselt 119
Was Ihr Kind in dieser Zeit braucht: Bindung und Bildung 121
Zärtlichkeit, sexuelle Entwicklung und Selbstregulation 122
Ernährung und Erste Hilfe 123
Die ANGEL-Schlaf-Methode – wirksame und sanfte
Hilfe für Ihr Kind 125

1. Anspannung lösen 126
2. Nähe schenken 126
3. Gute Schlafbedingungen 127
4. Eigenständigkeit sanft fördern 128
5. Langeweile in der Nacht 131
Und wann kommt das zweite? 135

7. Das zweite bis dritte Lebensjahr – „Ich will aber!“ 141
Die Ich-Entwicklung und was trotzende Kinder brauchen 143
Wie Kleinkinder die Welt erleben 146
Kleine Tyrannen? 150
Eltern-Wut 152
Von Belohnungen und Strafen 153
Was ist falsch am „Gut gemacht“? 154
Strafe muss sein? 157
Konsequenzen als Alternative? 160
Körperliche Gewalt – ein absolutes No-Go! 162
Celebrate your marriage – Wir haben schon einiges geschafft! 164
Ehe-Quiz allgemein 166
Ehe-Quiz aktuell 169
Was Ihr Kind jetzt braucht 170
Kleine Feinschmecker gut ernähren 170
Sonne, Luft und Bewegung 173
Gesunder Umgang mit Medien 175
Töpfchentraining 176
Doktorspiele & Co. 177
Eine kleine neue Welt – Eingewöhnung bei Tageseltern oder in der Kita 178

8. Viertes bis sechstes Lebensjahr – Schon so groß! 185
Wir beide: Manches wird einfacher, manches auch nicht 186
Unterschiedliche Erziehungsvorstellungen 188
Was Ihr Kind jetzt braucht 189
Neue Ängste bewältigen 189
Von Bienchen und Blümchen 191
Freundschaften und Moral 191
Kindgerechte Kommunikation 192
Geschwisterliebe und Eifersucht 195

9. Das siebte bis zehnte Lebensjahr – Vom Leben mit Schulkindern 199
Der Übergang zum Schulkind – eine Herausforderung für die ganze Familie 200
Mein Kind in der großen, gefährlichen Welt 203
Aufklärung und Sexualität 205
Medien und Familienzeit 207
Das Paar mit großem Kind 207
Kinder und Gott 209
Kinder glauben anders 210
Keine falsche Sicherheit 211
Mein Bild von Gott ist nicht Gott 212
Keine Antwort ist auch eine Antwort 214
Fokus auf das Wesentliche 215
Hat der Teufel eigentlich Hörner? 217
Alles schon hundertmal gehört? 218

10. Altersübergreifende Themen 221
Mitten in der Krise – Von Entfremdung, Konflikten und Fremdverlieben 221

Fremdverliebt – wenn die Gefühle verrückt spielen 222
Schreiben Sie die Story zu Ende 224
Welche Sehnsucht projiziere ich auf den anderen? 226
Entfremdung 228
Sexflauten in dauerhaften Beziehungen 231
Umgang mit Konflikten 235
Liebe oder ein Ruf danach 237
Die Fehler des anderen und ich selbst 238
Liebe als Regisseur 238
Unlösbare Konflikte 239
Das liebe Geld 240
Fehlerfreundlichkeit und Vergebung 242
Dankbarkeit, Wertschätzung und Glück 243

Dank 247

Das Familien-Balance-Modell

Man sagt, die Ehe sei ein großes Abenteuer. Mindestens genauso abenteuerlich ist die Erfahrung, Kinder auf die Welt zu bringen und zu erziehen. Und oft gehen diese Abenteuer ja auch Hand in Hand – was einiges erleichtert (gegenseitige Unterstützung, Zusammenhalt) und anderes erschwert (unterschiedliche Ziele oder Werte sowie zusätzliche Bedürfnisse).

Menschen, die heiraten und ein oder mehrere Kinder bekommen, befinden sich also mitten in einem wunderschönen und gleichzeitig sehr herausfordernden Doppelabenteuer: Sie sind konfrontiert mit der Aufgabe, gute Eltern zu sein und gleichzeitig auch die Beziehung zu ihrem Ehepartner lebendig zu halten. Und das natürlich neben den üblichen Lebensaufgaben wie persönliche Entwicklung, berufliche Entscheidungen, Freundschaften, Hausbau und so weiter!

Besonders in den ersten Jahren erleben Eltern ein stetiges herrlich-schreckliches Wechselbad unterschiedlichster Gefühle: Himmelhochjauchzende Freude über das neue Leben und überwältigende Erschöpfung durch Schlafmangel und einen viel zu vollen Alltag, meterhoher Stolz über die ersten Worte und zentnerschwerer Frust über das Unverständnis des Partners, beflügelnde Erfüllung durch die neue Rolle und erdrückende Langeweile nach der zweiundzwanzigsten Runde „Baggerspielen", übersprudelnde Liebesgefühle zu dem neuen Erdenbürger und unterdurchschnittliche Zufriedenheit mit dem ehelichen Liebesleben, offenes Entzücken über diese unglaublich kleinen Hände und versteckter Ekel über kilometerweit stinkende, übergelaufene Windeln.

Puh!

Kein Wunder, dass die Familienforschung mit Blick auf die Phase zwischen Mitte zwanzig und Ende dreißig von der „Rushhour des Lebens" spricht. In kaum einer anderen Zeit werden wir mit so zahlreichen, unterschiedlichen Aufgaben und so viel Verantwortung, mit so wenig Zeit und so wenig Raum für unsere eigenen Bedürfnisse konfrontiert. Daher ist es nur allzu verständlich, dass sich viele Eltern in ihrem Alltag überfordert fühlen!

Eine Freundin schloss daraus recht passend: „Das kann man doch gar nicht alles schaffen! Da muss einem doch eigentlich jemand helfen!"

Ja, wirklich! Es ist wahr, wir können nicht alles schaffen. Zumindest nicht alles perfekt. Und ja, auch das stimmt: Wir brauchen Hilfe, um dieses Chaos an großen Herausforderungen so gut wie möglich zu bewältigen.

Und genau davon handelt dieses Buch: davon, wie sich das Elternwerden auf alle Lebensbereiche, besonders aber auf die Liebesbeziehung eines Paares auswirkt. Wir möchten uns damit befassen, welche Strategien Eltern nutzen können, um als Individuum, als Ehepaar und als Familie heil durch die „Rushhour des Lebens" zu kommen.

Dabei beginnen wir bei den Veränderungen, die eine Partnerschaft im Laufe der Zeit durchläuft, und befassen uns dann mit den Herausforderungen, die die einzelnen Phasen der Elternschaft – Schwangerschaft, Geburt, Babyzeit, Kleinkindzeit, Kindergartenzeit bis zum Übergang in die Schule – für die Elternrolle und auch für die Beziehung eines Paares bedeuten.

Wir geben Anregungen und Hilfestellung, um die jeweiligen Phasen sowohl für das Kind als auch für die Eltern möglichst positiv zu gestalten. In den einzelnen Kapiteln finden Sie nicht nur fundierte Informationen und Tipps, sondern auch persönliche Impulse.

Paare, die sich dem christlichen Glauben verbunden fühlen oder einfach mal das gemeinsame Beten ausprobieren wollen, finden am Ende jeden Kapitels ein passendes Gebet. Es kann eine große Hilfe sein, die besprochenen Aspekte jemandem anzuvertrauen, der unsere täglichen Kämpfe sieht und gern bereit ist, uns Kraft und Segen zu schenken.

Ab Seite 166 finden Sie außerdem unser Ehe-Quiz, welches Partnern eine tolle Möglichkeit bietet, einander noch besser kennenzulernen und nahezubleiben.

Die Gedanken dieses Buches basieren auf dem sogenannten Familien-Balance-Modell, das wir Ihnen kurz vorstellen möchten. Dabei gehen wir davon aus, dass das System „Familie“ aus verschiedenen Elementen besteht, die einander stark beeinflussen.

Diese Vorstellung kommt aus der Systemtheorie und der systemischen Familienberatung, welche sich als sehr wirksam erwiesen hat. Die einzelnen Familienmitglieder, die Ehe und die Familie als Ganzes gehören eng zusammen und weisen unterschiedliche Bedürfnisse auf.

Es ist wichtig, dass alle Elemente ausreichend berücksichtigt werden: Wenn zwar eine liebevolle Beziehung zwischen Eltern und Kindern besteht, aber die beiden Partner sich nicht mehr umeinander bemühen, wird das früher oder später auch das Wohlergehen der Kinder beeinträchtigen. Wenn eine Frau zwar die perfekte Mutter und Ehefrau ist, aber selbst ständig zu kurz kommt, schadet das nicht nur ihr, sondern auch dem Rest der Familie.

Deshalb ist es wichtig, immer wieder die verschiedenen Perspektiven in den Blick zu nehmen, wie wir es auf den folgenden Seiten tun.

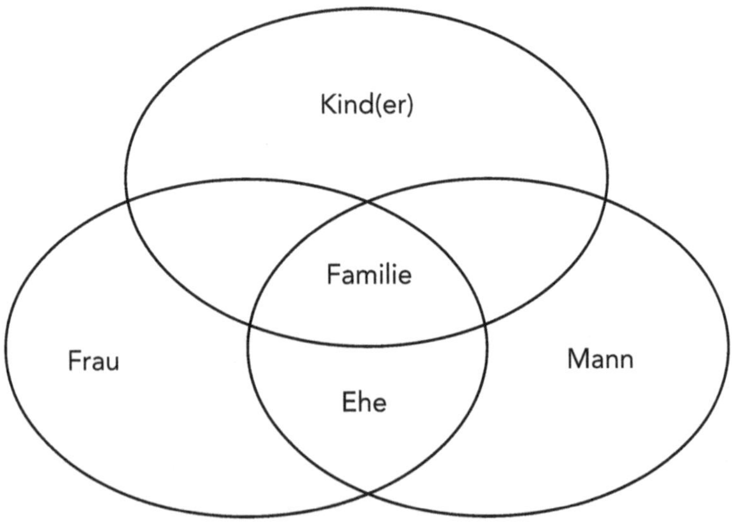

Das Familien-Balance-Modell

Wir hoffen, dass dieser Ratgeber Ihnen ein wertvoller Begleiter durch das wohl aufregendste Doppelabenteuer des ganzen Lebens sein wird!

The wind of change – Von den natürlichen Höhen und Tiefen einer Liebesbeziehung

So liefs bei Melanie:

17 Jahr, blondes Haar … Dieser Schlager erinnert mich immer ein wenig daran, wie ich Simon kennengelernt habe, denn damals war er 18, ich 17 (und etwas übertrieben blondiert), und wir besuchten die gleiche Schule. Lange Zeit hatten wir nichts miteinander zu tun gehabt, und als wir dann plötzlich auffällig viel miteinander sprachen, konnten es weder die Lehrer noch unsere Mitschüler fassen: er, der Bad Boy der Schule – bodenlanger Ledermantel, lange Haare, Heavy-Metal-Fan –, sie das brave, christliche Streberchen. „Das hält keine zwei Wochen!", war der Kommentar meiner Freundin. Und diese Meinung teilten wohl damals die meisten.

Aber uns war das ziemlich egal. Nachdem wir bei einem Schulausflug nebeneinandergesessen und aus Langeweile heraus ein Gespräch angefangen hatten, war etwas passiert. Die berühmten Schmetterlinge hatten in meinen Bauch Einzug erhalten, und als meine Mutter mich abholte, fiel sogar ihr auf, dass „der Junge mit dem Motorrad dir mit so einem traurigen Blick nachgesehen hat" … Mütter und der sechste Sinn!

Jedenfalls ging mir dieser Junge mit dem Motorrad nicht mehr aus dem Kopf. Und er hatte, wie ich später erfuhr, ganz ähnliche Gefühle. Als wir dann nach einigen Monaten endlich offiziell ein Paar waren, hing wirklich der Himmel voller Geigen. Sie wissen vermutlich, wovon ich spreche … Verliebtheit pur. Schön ist das! Und ziemlich verrückt. Psychologen sagen, dass die Verliebtheitsphase ca. sechs bis maximal 18 Monate anhält. Danach verliert die rosarote Brille ihre Wirkung und die Macken des vermeintlichen Traumpartners treten zutage.

Wir durften die rosarote Phase tatsächlich etwa anderthalb Jahre genießen, wobei es zwischendurch natürlich auch mal Streitigkeiten gab. Und danach? Na ja, die Schmetterlinge sind natürlich nicht gleich als ganzer Schwarm ausgeflogen. Freundlicherweise kommen diese kleinen Liebestiere immer mal wieder zu Besuch. Aber es ist eben nicht mehr dieses permanente unfassbare Glücksgefühl wie am Anfang der Beziehung.

Und ganz ehrlich: Phasenweise haben wir ziemlich wenig Romantik und stattdessen ziemlich viel Alltag. Noch immer liebe ich diesen Mann, aber mein Gefühl schreit mir das nur noch selten laut in beide Ohren, wie es das früher tat. Denn heute weiß ich genau, was mich an ihm nervt. Was uns zum Streiten bringt und was wir einfach nicht auf die Reihe kriegen. An manches gewöhnt man sich, anderes nervt, je länger man es ertragen muss, noch mehr. (Ebenso verhält es sich natürlich mit meinen Schwächen, die Simon ertragen muss.)

Ich fürchte, wenn ich damals, mit 17 Jahren und etwas zu blond gefärbten Haaren, gewusst hätte, wie sich unsere Liebe heute anfühlt, wäre ich erst mal schockiert gewesen. Nicht weil wir uns nicht mehr lieben. Sondern weil diese Liebe jetzt – meistens – so bodenständig, so nebenher geschieht. Weil so viel weniger Raum für Zärtlichkeiten, Leidenschaft oder lange Gespräche ist. Dennoch wäre ich nach dem ersten Schock vermutlich auch stolz gewesen. Und glücklich, dass meine Ahnung, mit diesem Mann die Höhen und Tiefen sowie die langen, manchmal sehr ermüdenden Strecken dazwischen gemeinsam bestehen zu können, sich als richtig erwiesen hat.

Schmetterlinge im Bauch und der erste unsanfte Aufprall in der Realität

Unser Abenteuer beginnt mit Liebe: Liebe hat Gott dazu angetrieben, jeden Einzelnen von uns kunstvoll zu erschaffen. Liebe war es, die uns vor den Traualtar treten und dem Menschen, dessen Ring wir am Finger tragen, unser Jawort geben ließ. Und Liebe ist es, die uns trotz aller Widrigkeiten an diesem Ja festhalten lässt. (Die Widrigkeiten kommen unweigerlich auf uns zu, und es gilt, ihnen nicht auszuweichen, sondern sich ihnen mutig, Seite an Seite, zu stellen.)

Die erste Zeit, die ein Paar gemeinsam verbringt, ist meist geprägt von überwältigenden Gefühlen des Glücks und der Verbundenheit. Die Hormone vernebeln unser Gehirn und alles ergibt auf einmal einen Sinn. Wir könnten uns stundenlang mit unserem Partner unterhalten und das Sexleben ist ... Nun ja, seien wir ehrlich, der Anfang gestaltet sich oft etwas holprig. Doch wenn es sich erst einmal eingespielt hat, erleben die meisten Paare eine sehr erfüllte Sexualität. Solange noch keine Kinder da sind, hat man so viel mehr Zeit und Energie für diese (und natürlich auch andere) Vergnügungen.

Auch ohne die Geburt eines Kindes lässt die erste Euphorie jedoch meist nach spätestens 18 Monaten deutlich nach und plötzlich hält der Alltag Einzug in die Beziehung. Viele stellen sich hier schon die

Frage, ob etwas schiefläuft, ob die Wahl vielleicht doch auf den Falschen/die Falsche gefallen ist …

Doch, Moment, es ist noch nicht vorbei, wir fangen gerade erst an! Denn diese Ernüchterung nach der ersten Begeisterung ist völlig normal.

Jetzt geht es darum, ob die erste Phase der Verliebtheit sich weiterentwickeln kann zu Liebe – der Liebe, die nicht auf Gefühlen basiert, sondern auf Vertrauen und bewussten Entscheidungen. In dieser Liebe haben Gefühle zwar ihren Platz, aber sie wird nicht von Gefühlen bestimmt.

Gut streiten

Streiten ist erlaubt – ja, sogar nötig. Oft muss man in einer Beziehung allerdings erst lernen, gut zu streiten, weil es entscheidend ist, *wie* man streitet. Das bedeutet nicht, dass man nie laut werden darf, im Gegenteil.

Ich (Melanie) bin zum Beispiel ein Mensch, der sich schnell mal von seiner Wut mitreißen lässt, und für den es einfach nicht authentisch wäre, wenn ich nicht auch mal schreien dürfte. Dennoch stelle ich fest, dass die Art, wie ich meinem Ärger Luft mache, großen Einfluss auf den Streitverlauf hat.

Folgende Prinzipien helfen bei der Entwicklung einer guten Streitkultur:

Ziehen Sie sich zurück: Die meisten Kinder kommen gut damit klar, die ein oder andere Zickerei zwischen den Eltern mitzuerleben, wenn sie auch die Versöhnung mitbekommen.Vor einem echten Streit sollten Sie aber dafür sorgen, dass Sie unbeobachtet sind und auch genug Zeit haben. Beginnen Sie keinen Streit, wenn Sie in fünf Minuten aus dem Haus müssen.

Vermitteln Sie Ihrem Partner, dass Sie ihn annehmen und verstehen. Solange man sich sicher ist, dass man als Person vollkommen akzeptiert und geliebt ist, kann man Beschwerden nämlich viel besser annehmen. Zum Beispiel: „Ich kann gut verstehen, dass du momentan gestresst bist. Das neue Projekt bei der Arbeit, die Probleme mit deinem Chef …“ Ein solcher Anfang schafft eine gute Basis und hilft Ihnen zudem, nicht nur Ihre eigene Sicht, sondern auch die des Partners zu berücksichtigen.

Senden Sie nicht immer nur Du-Botschaften („Du hast das Gartenhäuschen ja immer noch nicht aufgebaut!“), sondern bevorzugt Ich-Botschaften, zum Beispiel: „Ich fühle mich einfach nicht wohl, wenn das Gartenhäuschen weiterhin in tausend Teilen auf der Terrasse herumliegt. Ich sehe es jedes Mal, wenn ich nach draußen schaue, und fühle mich dann gestresst.“

Bleiben Sie beim Thema: Fangen Sie nicht an, alte Geschichten hervorzukramen. Konzentrieren Sie sich auf die Aspekte, die Sie jetzt klären können und möchten.

Drücken Sie Ihre Wut niemals körperlich aus. Wenn Ihr Ärger zu groß wird, verlassen Sie lieber kurz den Raum, um sich abzureagieren.

Vermeiden Sie die „vier apokalyptischen Reiter“, vier grobe Kommunikationsfehler, die der amerikanische Psychologe John Gottman beschreibt[1]:

1. John Gottman: Die sieben Geheimnisse der glücklichen Ehe, Ullstein 2014

I. Kritik: Streit lebt von Kritik, und es ist wichtig, diese auch äußern zu dürfen. Doch achten Sie auf ein „So viel wie nötig, so wenig wie möglich". Verfallen Sie nicht in ein permanentes „Mecker-Muster", indem Sie Ihren Partner ständig anklagen und heruntermachen. Versuchen Sie außerdem, möglichst oft „Beschwerden" statt Kritik zu äußern: Beschwerden konzentrieren sich auf das störende Verhalten, ohne aber Ihren Partner bzw. seinen Charakter anzugreifen.
Ein Beispiel: „Du nimmst dir einfach nie Zeit für die Kinder. Sobald du zu Hause bist, verkriechst du dich in den Hobbykeller und bastelst an deinen seltsamen Figuren oder schraubst sinnlos herum. Was die Kinder erlebt haben, interessiert dich offenbar überhaupt nicht – du bist echt ein toller Vater!" – das wäre Kritik.
Als Beschwerde formuliert – kombiniert mit einer Ich-Botschaft – könnte das so klingen: „Es stört mich, dass du nach der Arbeit meistens direkt in den Hobbykeller gehst. So haben die Kinder gar nichts von dir. Ich würde mir wünschen, dass du dir mehr Zeit für sie nimmst."

II. Verachtung: Probleme sollten offen besprochen und nicht unter den Teppich gekehrt werden. Wichtig ist dabei allerdings, die Ablehnung einer bestimmten Verhaltensweise nicht zur Ablehnung unseres Partners an sich werden zu lassen. Dass dies geschieht, merken wir an einer geringschätzigen, häufig auch sarkastischen, bitteren Einstellung unserem Partner gegenüber – wir verachten ihn. Behalten Sie daher Ihre Herzenshaltung Ihrem Partner gegenüber im Blick!
Wenn diese zu negativ wird, erinnern Sie sich daran, dass Wahrnehmungen stets subjektiv sind und dass das, was Sie

wahrnehmen, nicht unbedingt die „objektive Realität“ ist (wenn es so etwas denn überhaupt gibt …). Führen Sie sich bewusst die positiven Seiten Ihres Partners vor Augen. Finden Sie für jeden Aspekt, der Sie nervt, eine Stärke Ihres Partners, die Sie seiner Schwäche gegenüberstellen. Versuchen Sie außerdem, sich in die Perspektive Ihres Partners zu versetzen, der ganz anders aufgewachsen ist und vieles anders erlebt und bewertet als Sie.

III. Rechtfertigung: Diese Haltung signalisiert: „Nicht ich mache den Fehler, sondern du!“ Eigene Verhaltensweisen werden gerechtfertigt; die Schuld wird dem Partner zugeschoben. Tappen Sie nicht in diese Falle, denn das führt nur dazu, dass Sie einander mit einem großen „Ich wars nicht!“ über dem Kopf gegenüberstehen, ohne eine Einigung erzielen zu können. Seien Sie selbstkritisch genug, um der alten Weisheit „Zu einem Streit gehören immer zwei“ Glauben zu schenken. An den allermeisten Eheproblemen sind beide beteiligt, und letztlich sollte die Klärung, wer „schuld“ ist, nie das Ziel sein.
Ihr „Feind“ ist nicht Ihr Partner, sondern das Problem, das Ihre Ehe bedroht. Verbünden Sie sich gemeinsam dagegen und bekämpfen Sie dieses Problem als Team. Seien Sie dazu auch bereit, eigene Fehler einzugestehen und zu überlegen, was Sie verbessern können. Die Erfahrung zeigt, dass jeder Mensch nur sich selbst ändern kann. Tun Sie also das, was in Ihrer Macht steht – in den meisten Fällen steckt das früher oder später den Partner an, und auch er ist bereit zu wachsen.

IV. Mauern: Besonders Männer neigen zu dieser Verhaltensweise. Um Streit aus dem Weg zu gehen, schirmen sie sich zunehmend ab. Das passiert zum Beispiel, wenn ein Partner sich im Gespräch abwendet und einfach nicht mehr reagiert oder nur noch einsilbig antwortet.

Gottman warnt außerdem vor dem „groben Auftakt“: Streitgespräche, die bereits mit Vorwürfen, Beleidigungen oder ähnlichen Angriffen, also aggressiv und negativ beginnen, verlaufen selten erfolgreich. Wenn Sie also gerade Ihrem Ärger Luft gemacht haben, bauen Sie nicht darauf Ihr Streitgespräch auf. Warten Sie kurz, bis die größte Wut verdampft ist, und beginnen Sie den Streit dann mit mehr Ruhe und Gelassenheit.

Begrenzen Sie den Streit: Nach spätestens 20 Minuten sollte Schluss sein. Das hilft, irgendwann auf den Punkt zu kommen – oder notfalls den Streit weiterzuführen, wenn Sie beide ein wenig Abstand gewonnen haben. Beenden Sie den Streit mit Gesten der Versöhnung – vergessen Sie nicht, es ist eine Verhaltensweise, die Sie ablehnen, nicht der gesamte Mensch! Erinnern Sie einander, dass Sie sich trotz des Problems wertschätzen und lieben – durch eine liebevolle Aussage oder eine Umarmung.

Humor: Eine scherzhafte Bemerkung, vielleicht auch über sich selbst, kann so manchen Streit auflockern oder friedlich abschließen.

Einen gemeinsamen Rhythmus finden

Auch die erste Phase des gemeinsamen Wohnens bedeutet für die meisten Paare eine Zerreißprobe: Plötzlich hockt man Tag und Nacht aufeinander! Während man sich zu Beginn der Beziehung nichts Schöneres vorstellen konnte, merkt man nun, dass das auch seine Schattenseiten hat.

Man muss lernen, den Haushalt zu organisieren und Aufgaben gerecht zu verteilen. Bisher versteckte Macken – Unordnung beispielsweise – werden deutlich. Seine Gewohnheiten und ihre Gewohnheiten passen womöglich nicht zusammen. Es gilt, eine gemeinsame Routine zu finden – und das ist gar nicht so einfach!

Eine Bekannte hatte mit ihrem Verlobten eine Fernbeziehung zwischen Nord- und Süddeutschland geführt. Nachdem sie geheiratet hatten und zusammengezogen waren, spürten sie zunächst wenig vom „Eheglück". Denn der charmante junge Mann war in einer offensichtlich recht konservativen Familie aufgewachsen und hielt es für selbstverständlich, dass seine Frau nun für das Waschen und Bügeln seiner Hemden zuständig sei – obwohl diese, wohlgemerkt, genau wie er voll berufstätig war.

Solche familiären Prägungen zeigen sich oft erst, wenn man zusammenwohnt. Und dann kann es schon mal passieren, dass sehr gegensätzliche Vorstellungen aufeinanderprallen.

Oft kann man, wenn beide dazu bereit sind, gute Kompromisse finden (oder einem verwöhnten Bübchen klarmachen, wie die Welt im 21. Jahrhundert funktioniert). Manche Ansichten sind aber auch so unterschiedlich, dass einfach keine Einigung erzielt werden kann. Das gilt es dann auszuhalten, im Sinne von: „Ich bin okay, du bist okay. Wir sind unterschiedlich und das ist in Ordnung."

Sexuelle Anlaufprobleme

Eine Freundin von uns berichtete, dass sie und ihr Mann sich in den ersten Wochen nach der Hochzeit plötzlich ständig stritten – obwohl sie schon vorher zusammengewohnt, nicht aber miteinander geschlafen hatten. Und dass die ersten Versuche im Bett ziemlich schwierig gewesen seien.

Sich das erste Mal für die Ehe aufzusparen, hat viele Vorteile – man sollte sich aber auch bewusst sein, dass die Erwartungen an die Hochzeitsnacht dadurch leicht überhöht werden können. Verständlicherweise sind die meisten Paare in der Hochzeitsnacht so erschöpft, dass nur noch wenig Energie für einen solch aufregenden Schritt übrig bleibt.

Doch selbst wenn die Kraft noch reicht, sind die ersten Male nicht selten eher ernüchternd. Man muss sich erst einmal aufeinander einstellen und ein Gefühl füreinander entwickeln. Nicht sofort funktioniert alles, wie es soll, und nicht sofort fühlt es sich gut an …

Frauen wissen oft anfangs nicht recht, was genau ihnen gefällt, und können daher auch ihrem Mann nicht begreiflich machen, welche Berührungen oder Stellungen sie mögen und welche ihnen Unbehagen bereiten. Um unnötigen Enttäuschungen vorzubeugen, sollte man seine Erwartungen an die ersten sexuellen Begegnungen also lieber ein wenig herunterschrauben.

Meine Freundin erwähnte nebenbei, dass vielleicht auch die Verhütung ein Punkt sei, der es ihr erschwere, sich zu entspannen. Hormonelle Verhütungsmittel lehnte sie aus gesundheitlichen Gründen ab und Kondome empfanden ihr Mann und sie als sehr störend.

Deshalb versuchten sie, nur an vermeintlich „ungefährlichen" Tagen Sex zu haben. Damit fühlte sie sich aber tatsächlich recht unsicher und hatte immer wieder Angst, schwanger zu werden – was zu diesem Zeitpunkt einfach schwierig gewesen wäre.

Wenn wir an die vielen Paare denken, die noch vor 60, 70 Jahren völlig unfreiwillig ein Kind nach dem anderen in die Welt gesetzt haben, können wir echt dankbar für die Verhütungsmittel sein, die uns heute zur Verfügung stehen.

Trotzdem, ganz ehrlich: So ganz das Gelbe vom Ei ist das, was wir haben, auch noch nicht. Gesund und sicher zu verhüten, ist nach wie vor nicht einfach.

Verhütung

Das wohl bekannteste Verhütungsmittel ist die **Pille**. Ihr Pearl-Index beträgt 0,3 – das bedeutet: Von 100 Frauen, die die Pille nehmen und korrekt anwenden, werden innerhalb eines Jahres durchschnittlich 0,3 Frauen dennoch schwanger.

Es gibt sie in unterschiedlichsten Varianten – Minipille, Mikropille, Ein-Phasen-Präparat, Drei-Phasen-Präparat, um nur einige zu nennen.

Die meisten Pillen enthalten ein Östrogen und ein Gestagen. Sie wirken auf drei Weisen: Sie verhindern (in der Regel, manchmal klappt das auch nicht) den Eisprung, sie sorgen für die Bildung eines Schleimpfropfes, der Spermien den Eintritt in die Gebärmutter verwehrt, und unterdrücken den Aufbau der Gebärmutterschleimhaut, sodass sich dort kein befruchtetes Ei einnisten kann.

Also eine ziemlich sichere Sache – der Nachteil sind die vielen Risiken und Nebenwirkungen, die dieser Hormoncocktail mit sich bringt.

Als besonders bedenklich gelten inzwischen Pillen der

dritten und vierten Generation, die hauptsächlich junge Frauen gerne nehmen, weil sie auch dafür sorgen, dass die Haut reiner wird. Diese Pillen erhöhen besonders stark das Risiko von Thrombosen und Lungenembolien. Insbesondere wenn weitere entsprechende Risiken vorliegen – zum Beispiel Übergewicht oder Rauchen –, sollte also lieber auf ein älteres Präparat zurückgegriffen werden – auch hier besteht ein Risiko, aber es ist etwas geringer als bei den neueren Pillen.

Die **Minipille** enthält im Gegensatz zur „normalen" Pille nur Gestagen. Dies gilt als weniger bedenklich für Säuglinge, weshalb diese Pillen auch in der Stillzeit erlaubt sind (wobei einige Hormonspezialisten dies dennoch kritisch sehen und Langzeitstudien fehlen). Die meisten Minipillen muss man recht zeitgenau einnehmen, damit sie zuverlässig wirken.

Eine Ausnahme ist die Cerazette (und entsprechende Varianten), die wie „normale" Pillen bis zu zwölf Stunden nachgenommen werden kann, wenn sie mal vergessen wurde. Diese unterdrückt im Gegensatz zu anderen Minipillen genau wie die normale Pille auch den Eisprung – andere Minipillen verhindern nur den Zugang der Spermien und die Einnistung.

Übrigens: Durchfall und Erbrechen bis zu vier Stunden nach der Einnahme sowie Antibiotika und einige andere Medikamente können die Wirkung der Pille beeinträchtigen.

Einige Frauen stellen fest, dass die Pille ihre Lust auf Sex vermindert. Manchmal hilft ein Wechsel auf ein anderes Präparat – manchmal bleibt auch nur die Suche nach einer hormonfreien Alternative.

Neben der Pille gibt es viele andere hormonbasierte Verhütungsmethoden – das Pflaster, den NuvaRing, die Dreimonatsspritze usw. Die Wirkungsweise und das Risiko von Nebenwirkungen sind dabei vergleichbar mit denen der Pille

Die **Hormonspirale** wird in die Gebärmutter eingesetzt und oft damit beworben, dass die Hormone nur „lokal" wirken. Das stimmt jedoch nicht – die Hormone gehen ebenso in den Blutkreislauf wie bei der Pille, und viele Frauen berichten von schwerwiegenden Nebenwirkungen.

Ebenfalls sehr beliebt, wenn auch weniger sicher, sind **Kondome**. Ihre Stärke: Sie schützen vor der Übertragung von Geschlechtskrankheiten. Ihre Schwäche: Viele Paare empfinden sie als störend. Glücklicherweise gibt es inzwischen eine recht große Auswahl, auch an latexfreien Kondomen. Achten Sie auch auf die richtige Größe und – ganz wichtig – immer auf das Verfallsdatum!

Außerdem gilt Vorsicht bei der Wahl eines Gleitmittels: Ölhaltige Produkte (z. B. Vaseline) können das Material des Kondoms beschädigen. Verwenden Sie daher silikon- oder wasserbasierte Produkte, wenn Sie mit Kondomen verhüten. Grundvoraussetzung ist natürlich die korrekte Anwendung – trotzdem bleibt ein gewisses Restrisiko. Der Pearl-Index von Kondomen liegt bei ordnungsgemäßer Benutzung bei 2.

Weniger bekannt, aber für viele Paare durchaus eine gute Alternative, ist die symptothermale Methode, die auch den Namen **Natürliche Familienplanung** (NFP) trägt. Mithilfe eines Thermometers mit zwei Nachkommastellen und der Beobachtung des Zervixschleims oder des Muttermundes können die fruchtbaren Tage eingegrenzt werden. Je nach Sicherheitsbedürfnis können Paare an den „riskanten" Tagen entweder auf Sex verzichten oder beispielsweise mit Kondomen oder Diaphragma verhüten.

Das Erstaunliche: Wenn Paare sich genau an die Regeln von NFP halten, ist die Sicherheit vergleichbar mit der der Pille (0,4–0,6). Ein weiterer Vorteil: Neben der komplett hormon- und nebenwirkungsfreien Verhütungsmethode besteht er darin, dass man durch die genaue Beobachtung den eigenen Körper besser wahrnimmt und so sein Körpergefühl fördert. Wichtig ist allerdings, sich vorher sehr gut zu informieren, beispielsweise über https://www.mynfp.de.

Bei der Suche nach einer hormonfreien Verhütungsmethode denken viele Paare über die **Kupfer- oder Goldspirale** (Pearl-Index ca. 0,3–0,8) nach. Dieses Material erschwert das Eindringen von Samenzellen in die Gebärmutter. Falls das aber doch mal klappt, verhindert sie die Einnistung einer befruchteten Eizelle. Jedes Paar sollte gut überlegen, ob es dies ethisch vertreten kann: Viele sehen darin eine Art „Miniabtreibung", da die Befruchtung bereits stattgefunden hat und die Eizelle sich dann nicht einnisten kann. Außerdem leiden

viele Anwenderinnen unter starken und langen Blutungen.
Wenn eine Schwangerschaft keine Katastrophe darstellen würde, kann auch ein **Diaphragma** nützlich sein, beispielsweise das Caya, welches sehr einfach anzuwenden ist und kaum stört. Beratungsstellen wie pro familia helfen oft bei der Anpassung. Die Sicherheit ist allerdings nur sehr mittelmäßig – in Kombination mit einem Milchsäure-Gel, welches die Beweglichkeit der Spermien mindert, liegt der Pearl-Index bei 4–10.
Übrigens: Das unsicherste Verhütungsmittel ist der **Coitus interruptus**, bei dem der Mann sein Genital kurz vor dem Orgasmus herauszieht. Da bereits vorher Spermien austreten können, liegt der Pearl-Index nur bei 27.

Alles nur eine Phase

Ich (Melanie) kann mich erinnern, dass sich der Ring am Finger anfangs wie ein ziemlicher Fremdkörper angefühlt hat. Ich hatte den Mann geheiratet, den ich liebte – und doch wurde mir auf einmal überdeutlich bewusst: „Wow! Jetzt ist es wirklich passiert. Ich habe mich für immer festgelegt.“ Tatsächlich hat dieser Gedanke zu Beginn sogar ein wenig Panik ausgelöst: Jetzt gibt es kein Zurück mehr! Für immer und ewig!

Dieses Gefühl, das nach der Hochzeit auftreten kann, ist psychologisch problemlos zu erklären und nicht besorgniserregend. So sind wir Menschen eben: Endgültigkeit kann uns ziemliche Angst einjagen. Und das ist – neben sexuellen Anlaufschwierigkeiten – ein Grund dafür, weshalb der Start in das Eheleben nicht immer so rosarot ist, wie oft behauptet wird.

Nach einigen konfliktreichen Monaten stabilisiert sich die Beziehung aber in der Regel wieder. Ein Paarrhythmus hat sich entwickelt und fühlt sich gut an. Die Liebe ist zwar nicht mehr so hormonvernebelt wie am Anfang, doch dafür umso tiefer. Und die neue Distanz schafft auch wieder mehr Freiheiten für den Einzelnen. Denn einer Beziehung tut es durchaus gut, wenn jeder Partner auch mal etwas alleine unternimmt.

Und dann kommt die nächste Krise ... Die Reise zu zweit ist geprägt von einem ständigen Auf und Ab – darauf sollten sich alle Verliebten gefasst machen. Diese Wechsel von „eitel Sonnenschein" zu „Regenwolken" sind jedoch kein Zeichen persönlichen Versagens, sondern liegen in der Natur der Sache.

Wesentlich ist, sie als Teil des Abenteuers zu begreifen und gemeinsam anzugehen. Denn Krisen nerven nicht nur – richtig bewältigt machen sie uns sogar stärker!

Hilfreich ist da ein Gedanke, der auch beruhigen kann, wenn ein Kind gerade sehr anstrengend ist: Es ist alles nur eine Phase! Oder wie Theodor Fontane es formulierte:

Tröste dich, die Stunden eilen,
und was auch dich drücken mag,
auch das Schlimmste kann nicht weilen,
und es kommt ein neuer Tag.[2]

Das klingt vielleicht etwas abgedroschen, doch in diesem Gedanken steckt die tiefe Weisheit, dass „alles im Fluss ist", dass nichts stillsteht und wir uns deshalb nicht sorgen müssen, dass problematische Situationen immer so bleiben werden. Dieses Wissen, dass immer

2. Fontane, Theodor: Vor dem Sturm, Kapitel 54, erschienen 1878 (http://gutenberg.spiegel.de/buch/vor-dem-sturm-4448/54)

wieder ein neuer Tag anbricht und Schwierigkeiten vergehen, kann uns helfen, uns auf das Jetzt einzulassen.

Wie ein Paar das Elternwerden erlebt, hängt natürlich auch davon ab, in welcher Phase es sich gerade befindet, wenn aus zweien drei werden. Ein Paar, das schon viele Jahre zusammen ist, kann oft besser damit umgehen, dass nach der Geburt erst einmal kaum Zeit zu zweit vorhanden ist. Man hat diese intensive Phase der Zweisamkeit bereits gehabt und ist nun fähig, eine Weile darauf zu verzichten und sich ganz dem Nachwuchs zu widmen.

Doch Vorsicht: Eine solche Haltung sollte nicht überhandnehmen! Auch eine gefestigte, stabile Beziehung bleibt nicht von allein lebendig. Spätestens nach den ersten drei Monaten sollten die Ehepartner sich deshalb auch gegenseitig wieder mehr Aufmerksamkeit schenken.

Wenn relativ frisch verheiratete Menschen ein Kind bekommen, bedeutet das eine ganz besondere Herausforderung: Vielleicht hat die rosarote Brille soeben ihren Zauber verloren, sodass sich Ernüchterung breitmacht und die ersten Streitigkeiten entstehen. Und genau in diese Situation hinein wird ein Baby geboren, dessen Bedürfnisse dem Paar kaum noch Zeit geben, sich mit dem, was zwischen ihnen als Mann und Frau passiert, auseinanderzusetzen.

Dann ist es wichtig, sich dieser schwierigen Situation erst einmal bewusst zu werden und, wo irgend möglich, kleine Paarzeiten einzurichten, zum Beispiel durch die Unterstützung von Freunden oder Verwandten.

Von Glückssuchern und Zweckgemeinschaften

In der Verliebtheitsphase könnten wir tanzen und schreien vor Glück. Wir brauchen nur diesen Menschen, um glücklich zu sein. Doch wenn der wilde Hormonsturm langsam ruhiger wird, merken wir: Das war eine Illusion. Auch dieser Mensch, so wunderbar er sein mag, ist nicht fähig, uns dauerhaft mit Glück zu erfüllen. Dies ist eine wichtige Lektion: Wir sollten unseren Partner niemals mit der Erwartung überfordern, uns glücklich zu machen. „Liebe dich selbst und es ist egal, wen du heiratest“ von Eva-Maria Zurhorst ist ein Klassiker, den wir allen Paaren empfehlen. In diesem Buch heißt es: „Während wir versuchen, unser Glück in der Beziehung zu einem anderen Menschen zu finden, suchen wir eigentlich nach Ausgleich und Harmonie in unserem Inneren.“

Natürlich macht Liebe *auch* glücklich, doch kein Mensch der Welt wird es schaffen, uns auf Dauer alles zu geben, was wir brauchen, um uns „komplett“ und zufrieden zu fühlen. Viele Menschen suchen jahrzehntelang nach ihrem Seelenverwandten, von dem sie annehmen, dass er ihnen genau das geben wird – und stellen irgendwann enttäuscht fest, dass so ein Mensch nicht existiert.

„Unruhig ist unsere Seele, o Gott, bis sie ruht in dir“, sagte der Kirchenvater Augustinus. Die Erfüllung unserer tiefen Sehnsucht nach bedingungsloser, permanent zuverlässiger und treuer Liebe findet der Mensch nur in der Beziehung zu einem größeren Du, das wir als „Gott“ verstehen.

„Ich bin zur Ruhe gekommen, mein Herz ist zufrieden und still. Wie ein kleines Kind in den Armen seiner Mutter, so ruhig und geborgen bin ich bei dir!“ (Psalm 131,2) – so wird dieses „Ankommen“ des Menschen im Glauben in einem Psalm beschrieben.

Uns ist bewusst, dass nicht jeder Mensch einen Zugang zum Glauben hat, und das respektieren wir. Bleiben Sie einfach auf dem Weg, bleiben Sie offen, und hören Sie nicht auf, zu suchen und zu fragen!

Der folgende Text beschreibt sehr gut, wie sich die „Liebe“ mit der Zeit verändert und was passieren kann, wenn wir unser Glück nur vom anderen abhängig machen:

Die Liebe ist zu Beginn ein leichtes Spiel. Der Geliebte ist wie ein flammender Bewunderer, bei dem alles, was wir tun, unbändige Begeisterung auslöst. So ist die Liebe wie eine lang erwartete Bestätigung für das eigene Ich und hebt es sogar dazu empor, noch mehr „ich selbst" zu werden. Erst in der liebenden Begegnung mit dem Du wird es zum wahren „Ich".

Irgendwann, mal schleichend, mal plötzlich, wendet sich das Blatt. Die Geliebte wird von der wohlwollenden Bewunderin zur kritischen, strengen Lehrerin, vor der keine Schwäche, kein Fehltritt verborgen bleibt. Und statt federleichter Tänze im Sonnenschein verlangt sie nun Dauerläufe bei Schnee und Eis.

Auch das begründet sie, wenngleich es so anders scheint als das Vorherige, mit ihrer „Liebe". Denn sie will doch nur mein Bestes, will, dass ich mein Potenzial nutze.

Der Spiegel des Du, der mir noch vorhin so freundlich ein wunderschönes Ich zeigte, zeigt mir nun ein makelhaftes Gesicht – aber nur zu meinem Besten, beruhigt sie mich, damit ich der werden kann, der ich sein könnte.

Verliebt ist sie nicht mehr in den, der ich bin, sondern in ebendiesen mir fremden Menschen, den sie ehrfürchtig „der, der ich sein könnte" nennt. Vielleicht hat sie sich von Anfang an in den verliebt – eine Projektion ihrer Vorstellungen und Wünsche auf meine ihr noch unbekannte und damit frei beschreibbare, verheißungsvolle Leinwand.

Meiner noch eben umschmeichelten und verwöhnten Seele ist dies eine enorme Kränkung, ja, die Vertreibung aus dem Paradies.

Einige entscheiden sich bereits an dieser Stelle, das zart geknüpfte Band rasch wieder zu durchtrennen, bevor es zur Fessel wird. „Nett wars, aber doch wieder nur eine Täuschung der Sinne. Ein Rausch, wieder einmal betrogen von den Liebesgöttern Endorphin und Oxytocin." Verkatert stehen sie auf und gehen getrennte Wege.

Andere nehmen die Herausforderung an. Es gibt ihn ja, den Weg zurück ins Paradies. Eng ist er und mühsam, aber vorhanden. Ich muss ja nur ein wenig an mir arbeiten. Das ist ja auch eine Chance, vielleicht tut mir das mal ganz gut. Okay, das bedeutet Kompromisse, aber so ist das nun mal mit der Liebe.

Und der Lohn ist doch schließlich groß. Per aspera ad astra (lat. „Über raue Pfade gelangt man zu den Sternen"). Dafür kann ich ja auch Veränderungen von ihr fordern. Eine Hand wäscht die andere.

Und so wird die brennende, bedingungslose, bahnbrechende Liebe schnell zum Tauschgeschäft mit der Währung Anerkennung, Geborgenheit und Sicherheit. Vielleicht sogar inklusive der Boni Leidenschaft und einigermaßen gutem Sex.

Unheimlich wichtig ist die Entscheidung, meinen Partner zu lieben und nicht nur mein eigenes, sondern auch sein Wohl im Blick zu haben. Und die Entscheidung, einander als Verbündete zu sehen – und nicht im Alltag zu einer Zweckgemeinschaft zu verkommen.

Die meisten Tipps und Ratschläge, die wir beherzigen sollten, um unsere Beziehung lebendig und liebevoll zu halten, laufen auf folgende Punkte hinaus:

Einander nicht als selbstverständlich betrachten: Wie viele Menschen sehnen sich danach, jemanden zu finden, an dessen Seite sie leben können, und finden einfach niemanden! Wie wahrscheinlich war es, dass Sie beide zueinandergefunden haben? Vergessen Sie nie, wie wertvoll es ist, dass Sie einander haben!

Sich umeinander bemühen: akzeptieren, dass eine gute Ehe auch Arbeit bedeutet und Höhen und Tiefen ganz natürlicherweise dazugehören. Und in diesem Wissen immer wieder bewusst positive Begegnungen ermöglichen (durch regelmäßige Zeit zu zweit), Nähe schaffen (durch ehrliche Gespräche und Zärtlichkeit) und einander Anerkennung, Respekt und Wertschätzung entgegenbringen.

Umeinander kämpfen, nicht gegeneinander: Mein Partner ist nicht mein Feind, sondern wir kämpfen gemeinsam gegen die Widrigkeiten und Probleme, die das Leben nun einmal zwangsläufig mit sich bringt.

Verstehen und akzeptieren: Mein Partner ist anders als ich. Er wurde anders geprägt und hat deshalb andere Gewohnheiten, Werte und Strategien, um mit dem Alltag klarzukommen. Und vieles, was mich an ihm stört, kann er nicht ändern, weil es so tief in seinen frühsten Prägungen und Erfahrungen verwurzelt ist. Deshalb bedeutet Liebe auch, den anderen ganz anzunehmen – inklusive seiner Fehler.

Die Bedürfnisse des anderen und die eigenen Bedürfnisse erkennen, ehrlich besprechen und, so gut es geht, erfüllen.

Natürlich ist es wichtig, diese Ziele zu präzisieren und ihre Bedeutung für konkrete Lebensphasen und Herausforderungen zu diskutieren – und genau das wird in den folgenden Kapiteln geschehen. Doch wenn ein Paar sich diese Grundsätze immer wieder bewusst macht, ist schon viel gewonnen.

Fragen an uns:

Wie war der Beginn unserer Liebesbeziehung? Was habe ich als besonders anziehend an meinem Partner/meiner Partnerin erlebt?

Wann sind wir aus der Verliebtheitsphase „aufgewacht"? Was hat sich damals verändert?

Zum Schmökern und Informieren:

- John Gottman: Die sieben Geheimnisse der glücklichen Ehe, Ullstein 2014
- Ursula Nuber: Was Paare wissen müssen. 10 Grundregeln für das Leben zu zweit, Fischer 2007
- Werner Tiki Küstenmacher: Simplify your love. Gemeinsam einfacher und glücklicher leben, Campus 2006

Gebet:

„Guter Gott, wir danken dir für unsere Beziehung. Danke, dass wir einander gefunden haben. Du kennst die Höhen und Tiefen unserer Liebe und die Hürden, die uns momentan beschäftigen: ... (Raum für eigene Angaben).

Wir legen diese Sorgen vertrauensvoll in deine Hände. Bitte schenke uns die Weisheit, gut damit umzugehen. Erfülle unsere Herzen mit Liebe, Wertschätzung und Respekt füreinander. Hilf uns, uns nicht gegeneinander zu verbünden, sondern Probleme gemeinsam anzugehen.

Bitte segne unsere Ehe. Amen."

Schwangerschaft – Jetzt wird alles anders!

So liefs bei Ines und Sven:

Ines und Sven haben sich ein Kind gewünscht – und doch löst der positive Schwangerschaftstest einen kleinen emotionalen Sturm aus.

Ines:

„Schatz? Der Test ist positiv.“ Sven strahlt mich an: „Wirklich?“ Und los gehts. Ich setze mich ganz langsam, bedächtig auf das Bett neben ihn – und fange unglaublich an zu heulen. Ich heule und schluchze, und Sven weiß gar nicht, was da mit mir los ist. Er sagt immer wieder, dass es doch toll ist, er sich freut und dass es natürlich jetzt viel auf einmal ist, aber dass wir das alles schaffen.

Ich habe Angst – Angst, dass ich jetzt permanent Rücksicht auf ein ungeborenes Leben in mir nehmen muss, Angst, dass mir das Nichtrauchen schwerfällt, und so weiter. Mein Gefühl sagt mir, wie es das seit meiner eigenen Geburt sagt: „Mama!“

Ich bitte Sven also, meine Mama anzurufen. Sven ruft an, teilt ihr mit, dass ich mit ihr sprechen wolle, und reicht das Handy an mich weiter, während er mir den Rücken krault. Mama freut sich riesig und mit Sven zusammen sagt sie immer wieder: „Das ist doch toll!"

Und siehe da, nach wenigen Minuten keimt die große Freude auch in mir. Oh, und dann bin ich plötzlich glücklich! Mein ganzer Körper kribbelt …

Sven:

Wenn ich darüber nachdenke, bin ich immer wieder beeindruckt, wie gut Ines die Schwangerschaft meistert. Das zeigt mir dann wieder, was für eine tolle und starke Frau ich habe.

Gesundheitlich hat sich für mich, außer vielleicht einem kleinen Solidaritätsbauch, nicht viel verändert. Emotional mache ich die ein oder andere Höhe und Tiefe mit, auch wenn sich alles in Grenzen hält. Meist setze ich mich über Träume mit bestimmten Dingen oder Ängsten auseinander. Beispielsweise träume ich oft davon, mein Kind fallen zu lassen.

Ines:

Ich denke, die 40 Wochen Schwangerschaft haben auch für uns als Paar eine wichtige Funktion: Wir können uns emotional und gedanklich mit uns beiden und dem neuen Menschen in unserem Leben auseinandersetzen. Dass alles, was wir uns für unsere Erziehung und unser Elternsein überlegen, später auch wirklich so umgesetzt wird und eintritt, halte ich jedoch für sehr unwahrscheinlich …

Sven:

Ich würde sagen, unsere Beziehung ist durch die Schwangerschaft noch enger geworden, als sie es sowieso schon war. Wenn wir unserem Kind etwas vorsingen, fühle ich mich Ines sehr nah, und ich freue mich jedes Mal, wenn ich ihr dabei in die Augen schaue oder eine Reaktion von unserer Kleinen im Bauch bekomme.

Ines:

Wir geben uns Rückmeldungen im Alltag. Und zwar nicht nur neutrale oder negative wie: „Die Wäsche muss noch gemacht werden" oder: „Du hast schon wieder Dreck mit in die Wohnung gebracht!" oder: „Warum hängst du die Jacke nicht einfach auf!?" (alles Sätze, die bei uns vorkommen). Sondern auch: „O, du hast die Spülmaschine schon ausgeräumt, danke!" oder: „Toll, dass du wieder so was Leckeres gekocht hast!"

Wir achten nicht nur auf die Dinge, die uns im alltäglichen Trubel aneinander nerven können, sondern vor allem auch auf das, was der andere leistet, was er kann und macht, ohne dass es groß eingefordert wird. Sven lobt mich tatsächlich regelmäßig abends, wie toll ich das Baby (im Bauch) versorge und wie super ich die Treppe noch hochlaufe – ha ha –, aber mir tut es gut.

Ein kleines Wesen stellt alles auf den Kopf

Nach langen Monaten des Wartens endlich ein positives Ergebnis beim Schwangerschaftstest … plötzliche Übelkeit, die zunächst für eine Magen-Darm-Grippe gehalten wurde … Verhütungspannen, die das Leben von heute auf morgen ändern – vom Beginn der Schwangerschaft kann jedes Paar seine ganz eigene, emotionsgeladene Geschichte erzählen.

Und auch das Ausmaß der Veränderung, die die „neuen Umstände" mit sich bringen, ist wohl von Paar zu Paar unterschiedlich. Bei einigen läuft erst mal alles weiter wie bisher – bis auf das verstohlene Streicheln des Bauches und die staunenden Gedanken an das winzige Geschöpf, das nun still und heimlich und scheinbar „nebenbei" heranwächst.

Andere erleben die erste Zeit der Schwangerschaft intensiver, als ihnen lieb ist – starke Übelkeit, die den Alltag vollkommen durcheinanderwirbelt und extrem belastend werden kann, Blutungen, die Ängste schüren, oder Zukunftssorgen, weil die Schwangerschaft nicht geplant war oder weil die Gefühle der Partner bezüglich der Neuigkeit sehr unterschiedlich sind.

Durch die Hormonumstellung können Frauen in dieser Zeit sehr gereizt und verletzlich sein. Außerdem haben die beiden Partner häufig unterschiedliche Strategien, mit großen Veränderungen umzugehen: Während er vielleicht gern ausführlich über alles spricht und sich mit Büchern und Informationen eindeckt, braucht sie erst einmal Ruhe, um sich an die Umstellung zu gewöhnen, und fühlt sich von dem Aktivismus ihres Partners geradezu bedrängt.

Oder während sie sich wahnsinnig freut, endlich Mutter zu werden, hat er womöglich plötzlich Bedenken: Wird er Familie und Job unter einen Hut bekommen? Wird das Geld reichen? Haben seine Freunde recht mit ihren Sprüchen à la „Wenn du Vater wirst, ist dein Leben vorbei!"?

Reden Sie daher mit Ihrem Partner offen über Ihre Gefühle. Behandeln Sie negative Emotionen nicht wie ein Tabu, denn sie gehören ganz selbstverständlich zu dieser riesigen Veränderung dazu.

Versuchen Sie auf die Bedürfnisse des anderen Rücksicht zu nehmen. Wenn sie ständig über den kleinen Bauchbewohner reden will, während er noch ein wenig Zeit braucht, sollte sie erst einmal mit einer Freundin, ihrer Mutter oder Schwester über ihre Gefühle sprechen. Oder auch mit einer Schwangerschaftsberaterin, die nicht nur bei Konflikten berät, sondern auch Schwangeren, für die Abtreibung kein Thema ist, mit einem offenen Ohr und Rat und Tat zur Seite steht.

Sollte die Schwangerschaft unerwünscht oder mit großen Bedenken verbunden sein, finden Frauen und Männer ebenfalls professionelle, kostenlose Unterstützung bei diversen Konfliktberatungsstellen:

Schwangerschafts(Konflikt)beratung

Das „Hilfetelefon Schwangere in Not" bietet anonym, kostenfrei und rund um die Uhr Beratung für Schwangere: **0800 40 40 020**

Die christliche Beratungsstelle Pro Femina bietet Frauen mit Schwangerschaftskonflikten Beratung online, telefonisch und vor Ort in München und Heidelberg: **0 8000 60 67 67** aus Deutschland, **00 8000 60 67 67 0** aus Österreich und der Schweiz, montags bis freitags von 8:30 h bis 17:30 h, Internetadresse: https://www.profemina.org

Eine nützliche Suchfunktion zu wohnortnahen Beratungsstellen bietet www.dajeb.de. Dort kann unter Angabe der ersten Ziffern der Postleitzahl oder des Ortes nach thematisch geordneten Beratungsangeboten gesucht werden – Schwangerschaftsberatung entspricht der Kategorie „Familienplanungsberatung".

Manche Eltern beginnen in der Schwangerschaft mit dem Führen eines Tagebuchs. Das kann ein Büchlein sein, das nur für einen selbst bestimmt ist und in dem alle Gedanken und Gefühle, positive wie negative, ehrlich reflektiert werden. Eine schöne Idee ist auch ein Tagebuch für das Baby, welches auch nach der Geburt weitergeführt und dem Kind dann später als persönliche Erinnerung geschenkt wird.

Körperliche Veränderungen und so viele Entscheidungen …

Während einige Frauen in der Schwangerschaft aufblühen und sich fit und vital fühlen, leiden andere unter der Hormonumstellung und der Belastung, die der wachsende Bauch für den Körper bedeutet. Abgesehen davon ist es gar nicht so einfach herauszufinden, was nun eigentlich alles wann organisiert und entschieden werden muss. Im Folgenden finden Sie hilfreiche Tipps für die Bewältigung dieser Herausforderungen.

Von Anfang an Hebammenhilfe nutzen

Da immer mehr Hebammen ihren Beruf aufgeben, bestehen in einigen Regionen deutliche Versorgungslücken. Kümmern Sie sich daher so früh wie möglich darum, eine Hebamme Ihres Vertrauens zu finden!

Wussten Sie, dass die Schwangerschafts-Vorsorge auch bei einer Hebamme statt bei einem Gynäkologen erfolgen kann? Die Hebamme tastet dann den Bauch ab, kontrolliert den pH-Wert des Urins, die Gewichtszunahme etc., und die gynäkologische Praxis wird nur zu den drei vorgesehenen Ultraschall-Untersuchungen und bei medizinischen Auffälligkeiten aufgesucht. Wenn Hebamme und Arzt einverstanden sind, können die Vorsorge-Untersuchungen auch im Wechsel von beiden durchgeführt werden.

Hebammen haben oft fundierteres Wissen in Bezug auf sanfte, natürliche Hilfsmittel bei Schwangerschaftsbeschwerden als ihre ärztlichen Kollegen. Doch auch unabhängig von der Vorsorge haben Sie in der Schwangerschaft ein Recht auf Beratungsgespräche mit einer Hebamme, deren Kosten die Krankenkasse übernimmt. Nach der Geburt ist die Hebamme ebenfalls für die junge Familie da: Sie kommt vor allem am Anfang regelmäßig, um die Entwicklung des

Kindes, u. a. die Abheilung des Nabels, zu beobachten, aber auch um eventuelle Geburtsverletzungen der Mutter zu versorgen. Außerdem steht sie den frischgebackenen Eltern bei allen Fragen und Problemen mit Rat und Tat zur Seite.

Einige Hebammen bieten auch „Beleggeburten" an. Das bedeutet, dass Sie im Kreißsaal nicht mit fremden Menschen zurechtkommen müssen, sondern Ihre Hebamme die Geburt leitet. Sie haben Zeit, sie vorher kennenzulernen, und laufen nicht Gefahr, durch Schichtwechsel von verschiedenen Hebammen bei der Geburt betreut zu werden.

Diese Hebammen sind oft besonders früh ausgebucht, ebenso wie Hausgeburtshebammen. Wenn Sie im Erstgespräch mit einer Hebamme das Gefühl haben „Das passt nicht", dann hören Sie jedoch auf Ihren Instinkt, und lernen Sie noch eine andere kennen. Es ist wichtig, dass die Chemie stimmt!

Gehen Sie bewusst mit Untersuchungen um

Einige Ärzte führen bei jeder Vorsorgeuntersuchung einen Ultraschall durch, obwohl – sofern keine Auffälligkeiten vorhanden sind – nur drei Ultraschall-Untersuchungen während der Schwangerschaft vorgesehen sind. Auch das CTG, mit welchem Herztöne des Babys und Wehen gemessen werden, wird von vielen Ärzten schon deutlich vor dem Geburtstermin routinemäßig genutzt, obwohl es in den Leitlinien eigentlich nur bei Auffälligkeiten oder ab dem errechneten Geburtstermin empfohlen wird.

Viele Eltern genießen das „Babyfernsehen" und das Hören des Herzschlages – verständlicherweise! Einige schaffen sich daher sogar kleine Herzton-Geräte für zu Hause an. Doch inzwischen existieren Forschungsergebnisse, die darauf hindeuten, dass die Ultraschallwellen, mit denen CTG und Ultraschall arbeiten, möglicherweise bedenklich sind.

So sind in entsprechenden Experimenten bei Ratten Gehirnschäden durch Ultraschallwellen entstanden.[3] Die Anwendung im Experiment war recht intensiv, und es ist noch unklar, ab welcher Dauer und Häufigkeit die Anwendung von Ultraschall für menschliche Föten schädlich ist. Dennoch sind die Ergebnisse Grund genug, auf unnötige Untersuchungen zu verzichten, getreu dem Motto „So viel wie nötig, so wenig wie möglich".

Auch die Pränataldiagnostik, die frühzeitig Erkrankungen feststellen soll, hat ihre Licht- und Schattenseiten. Lassen Sie sich genau beraten, welchen Nutzen die jeweilige Untersuchung hat und welche Risiken bestehen. Auch hier können Sie bei Unsicherheiten zusätzlich eine Hebamme oder Schwangerschaftsberaterin befragen. Wenn Ihr Arzt unbegründet auf den Untersuchungen besteht, kann ein Arztwechsel oder die Vorsorge durch eine Hebamme ein Ausweg sein.

Übelkeit

Achten Sie auf einen stabilen Blutzuckerspiegel, indem Sie zuckerreiche Getränke und Lebensmittel reduzieren. Wenn Sie diese konsumieren, sollten Sie sie möglichst mit ballaststoffreicher Nahrung kombinieren, z. B. als Nachtisch nach dem Mittagessen.

Essen Sie eher kleine Portionen, dafür aber regelmäßig. Essen Sie schon morgens im Bett eine Kleinigkeit – möglichst Vollkornprodukte oder ein Müsli aus Haferflocken und Haferkleie, da diese Lebensmittel sich ebenfalls positiv auf den Blutzuckerspiegel auswirken.

Einigen Schwangeren hilft Ingwer (als Lutschtabletten oder Tee), andere empfinden Zitrusduft oder auch Akupunktur als lindernd.

---

3. http://news.yale.edu/2006/08/07/ultrasound-affects-embryonic-mouse-brain-development

Auch B-Vitamine können Übelkeit entgegenwirken (z.B. in dem Produkt „Nausema“). Insgesamt kann es sinnvoll sein, die Versorgung mit Vitalstoffen zu überprüfen, v.a. Vitamin D, Holotranscobalamin, Magnesium, Zink und B 6. Das können Sie auch privat in einem Labor vornehmen lassen.

Achten Sie auf eine gute Ernährung

Eine sehr zuckerreiche und kohlenhydratlastige Ernährung begünstigt das Auftreten von Schwangerschaftsdiabetes. Trinken Sie Wasser oder ungesüßten Tee statt Säften und seien Sie zurückhaltend mit Koffeinquellen wie Kaffee, schwarzem und grünem Tee und großen Mengen Schokolade. Begrenzen Sie den Kaffeegenuss auf ein bis zwei Tassen pro Tag oder steigen Sie auf entkoffeinierten Kaffee um.

Gesunde Energiequellen sind zum Beispiel Mandeln, Haferflocken, Rohkost wie Möhren, Obst in Maßen (ca. zwei Handvoll pro Tag) oder kleine Mengen Zartbitterschokolade.

Vegane Ernährung in der Schwangerschaft birgt Risiken: Sowohl Veganerinnen als auch Vegetarierinnen sollten ihren B12-Spiegel kontrollieren lassen, da niedrige B12-Werte sich schädlich auf das Ungeborene auswirken können und neben gesundheitlichen Problemen später zu Schrei- und Schlafproblemen führen können.

Lassen Sie dabei nicht den B12-Serum-Wert messen, sondern das Holotranscobalamin, denn dieser Wert ist zuverlässiger. Bei einem Mangel helfen B12-Spritzen oder hoch dosierte Tabletten bzw. Kapseln, möglichst in Form von Methylcobalamin, da der Körper dieses besonders gut aufnehmen kann.

Viele Schwangere haben niedrige Eisenwerte. Solange die Eisenwerte nur leicht unter der Norm liegen, ist das in der Regel unproblematisch und liegt einfach daran, dass das Blut in der Schwangerschaft flüssiger ist. Bei einem starken Mangel sind aber Maßnahmen nötig. Übliche Eisentabletten werden oft schlecht vertragen, weil sie Magenprobleme und Übelkeit auslösen können. Eine gute Alternative ist eisenhaltiges Wasser („Ferrotone"), das in kleinen Beuteln verpackt ist und in Apotheken bestellt werden kann.

Ein weiterer Tipp: Achten Sie darauf, eisenhaltige Lebensmittel (z. B. Fleisch, Hirse, Hafer, Vollkorn, Spinat, Hülsenfrüchte wie Linsen und Kichererbsen) mit Vitamin-C-haltigen Lebensmitteln zu kombinieren, weil das die Eisenaufnahme fördert. Besonders Vitamin-C-haltig sind beispielsweise Paprika, Fenchel, Rosenkohl, Blumenkohl, Kiwi, Apfelsinen, Erdbeeren und Johannisbeeren.

Es gibt jedoch auch Lebensmittel, welche die Eisenaufnahme reduzieren – diese sollten Sie möglichst in einem Abstand von zwei Stunden zur eisenhaltigen Mahlzeit konsumieren: Weizenkleie, Nüsse, Samen, Kakao/Schokolade, Kaffee, schwarzer Tee, Milchprodukte, Cola und andere Limonaden. Um den Muttermund in einen weichen und geburtsbereiten Zustand zu bringen und die Beckenmuskulatur zu lockern, empfehlen viele Hebammen ab der 38. Schwangerschaftswoche einmal wöchentlich Dampf- oder Sitzbäder mit Heublumen (gibt es in der Apotheke). Sehr hilfreich zur Vorbeugung von Dammverletzungen ist die Dammmassage drei bis viermal pro Woche.

Ständig müde und erschöpft …

Die Hormonumstellung und der wachsende Bauch bedeuten für den Körper eine große Herausforderung, weshalb Müdigkeit eine ganz natürliche „Nebenwirkung" der Schwangerschaft ist. Daher sollten Sie die Müdigkeit auch als wertvolles Signal Ihres Körpers sehen: Gönnen Sie sich Ruhe!

Ihr Körper braucht die Energie jetzt für den kleinen Bauchbewohner, der in Ihnen heranwächst – achten Sie deshalb darauf, sich möglichst viel zu schonen. Versuchen Sie unnötigen Druck und Ehrgeiz loszulassen: Diese Zeit, in der Ihr Baby in Ihnen heranwächst und Ihr Körper neues Leben ermöglicht, ist so eine kurze Spanne in Ihrem Leben. Erleben Sie sie bewusst – für Karriere und andere Abenteuer bleibt noch genügend Zeit!

Oft lassen die Beschwerden aber im zweiten Drittel der Schwangerschaft deutlich nach – halten Sie sich daher im ersten Drittel vor Augen, dass es bald besser wird, und im letzten Drittel ist es dann ja fast schon vorbei ... Doch natürlich können Sie auch ein wenig nachhelfen, um sich vitaler zu fühlen:

Kleine „Power-Naps“ von ca. 20 Minuten helfen tagsüber, neue Energie zu tanken.

Rooibos-Tee enthält kein Koffein, fördert aber die Ausschüttung des Glückshormons Serotonin und ist daher ein sanfter Muntermacher.

Frische Luft versorgt Ihren Körper mit Sauerstoff, wodurch die Müdigkeit vertrieben wird.

Auch Sonnenlicht (in gesunden Maßen genossen) gibt Ihnen Energie. Gehen Sie täglich nach draußen; unterstützend kann eine Tageslichtlampe, die Sie zum Beispiel neben den Computer stellen, sinnvoll sein.

Auch ein Pfefferminzroller für die Stirn erfrischt und vertreibt leichte Kopfschmerzen.

Stimmungsschwankungen und Weinattacken

Viele Frauen sind durch die veränderte Hormonlage während der Schwangerschaft besonders sensibel und oft auch emotional aufgewühlt. Versuchen Sie das zunächst möglichst gelassen anzunehmen. Machen Sie sich bewusst, welch großartige Leistung Ihr Körper gerade vollbringt – und dass da ein paar Tränen oder Frust ganz verständlich sind. Sprechen Sie mit Ihrem Partner und/oder anderen Vertrauten darüber.

Sollte das Gefühlschaos aber zu stark werden, dann scheuen Sie sich nicht, Hilfe anzunehmen. Etwa zehn Prozent der Schwangeren leiden an Schwangerschaftsdepressionen. Sprechen Sie mit Ihrer Ärztin, Ihrer Hebamme oder einer Schwangerschaftsberaterin darüber und nehmen Sie gegebenenfalls die Unterstützung durch einen Psychotherapeuten in Anspruch.

Treiben Sie Sport (darauf werden wir gleich noch näher eingehen) und erlernen Sie Entspannungstechniken, da beides ausgleichend und stimmungsaufhellend wirkt.

Übrigens: Mütter, die an Schwangerschaftsdepressionen gelitten haben, entwickeln manchmal auch eine Wochenbettdepression nach der Geburt. Weitere Informationen dazu finden Sie in Kapitel 5 unter dem Stichwort „Heultage oder mehr?“.

Vorzeitige Wehen

Bei vorzeitigen Wehen sollten Sie auf jeden Fall Ihre Hebamme und/oder Ihren Arzt konsultieren.

Wenn aber keine akute Gefahr besteht, muss nicht immer gleich ein chemischer Wehenhemmer zum Einsatz kommen. Auch Bettruhe, verbunden mit dem pflanzlichen Mittel Bryophyllum (am besten als Pulver), reicht oft, um die Gebärmutter wieder zu beruhigen.

Dieses Mittel hilft dem Körper bei Unruhezuständen wie vorzeitigen Wehen und auch bei Schlafproblemen.

Schlaf, Mama, schlaf …

Viele Schwangere leiden an Schlafproblemen. Lernen Sie Atem- und Entspannungstechniken (siehe unten), um besser zur Ruhe zu finden. Vielleicht hilft Ihnen auch ein Tagebuch, um abends Ihre Gedanken zu ordnen.

Vermeiden Sie außerdem blaues Licht (Laptop, Fernseher, Smartphone) kurz vor dem Einschlafen. Vielen hilft auch das oben genannte pflanzliche Mittel Bryophyllum oder ein Melissentee.

Verdauungsprobleme

Verstopfung ist ein Problem, das bei vielen Schwangeren auftritt. Sie können Ihre Verdauung anregen, indem Sie sich ballaststoffreich ernähren: Integrieren Sie möglichst viele Vollkornprodukte in Ihre Ernährung (z. B. Vollkornnudeln, Vollkornbrot, Vollkornhaferflocken und Leinsamen).

Und versuchen Sie doch mal, die Empfehlung von drei Portionen (eine Portion entspricht einer Handvoll) Gemüse und zwei Portionen Obst pro Tag konsequent umzusetzen, denn auch Gemüse und Obst sind sehr ballaststoffreich. Der Anteil von Gemüse sollte aber höher sein als der von Obst, weil zu viel Obst wegen des Fruchtzuckers belastend für den Blutzuckerspiegel ist.

Einige Obstsorten haben eine leicht abführende Wirkung, zum Beispiel Birne und Pflaume, und sind daher ein guter Tipp bei Verstopfung.

Ein weiteres pflanzliches Mittel, das die Verdauung anregt, sind Flohsamenschalen. Dazu sollten Sie aber unbedingt ein Glas Wasser trinken.

Fitte Mama, fittes Baby – Bewegung in der Schwangerschaft

Während sich in früheren Zeiten werdende Mütter so wenig wie möglich bewegen sollten, weiß man heute: Körperliche Aktivität während der Schwangerschaft ist äußerst gesund für Mutter und Kind. Hier ein paar Beispiele für die vielen positiven Auswirkungen von Sport während der Schwangerschaft:

Endorphine, die beim Sport ausgeschüttet werden, wirken Stimmungsschwankungen entgegen und fördern das Wohlbefinden.

Die Motorik und das Körpergefühl werden verbessert, was die Schmerzbewältigung bei der Geburt unterstützen kann.

Die Sauerstoffaufnahme wird erhöht, was Thrombosen vorbeugt und die Gesundheit des Kindes fördert.

Diabetes kann vorgebeugt bzw. gemindert werden.

Die Mitbewegung des Kindes wirkt sich positiv auf die Entwicklung seiner Sinnesorgane aus.

Rückenschmerzen wird vorgebeugt.

Bei allen Vorteilen sportlicher Betätigung mit Babybauch gilt es natürlich, Risiken realistisch einzuschätzen und zu vermeiden: Für stundenlange Bergwanderungen und neue Bestzeiten beim Laufen ist diese spezielle Phase natürlich nicht geeignet. Schwangere sollten sich besonders gut aufwärmen, da sie durch die Schwerpunktverlagerung schneller umknicken können und sich dann leicht verletzen, wenn die Bänder instabil sind.

Bestimmte Erkrankungen oder Komplikationen wie Blutungen, Herzprobleme, akute Infektionsgefahr etc. können außerdem dazu führen, dass Sport zumindest zeitweise nicht erlaubt ist. Bei einigen anderen Anlässen muss je nach Einzelfall entschieden werden, z. B. bei Schilddrüsenproblemen.

Einige wenige Sportarten wie zum Beispiel Kampfsport, Tauchen, Skaten, Klettern, Wasserski und Reiten gelten als ungeeignet für Schwangere. Beim Fahrradfahren scheiden sich die Geister – es schont die Gelenke, birgt aber durchaus eine Verletzungsgefahr.

Viele Schwangere entdecken auch Sportarten, die sie zuvor noch nie ausprobiert haben – zum Beispiel Aquagymnastik oder Yoga. Unser Tipp: Üben Sie doch mal, jeden Tag immer wieder ein paar Minuten zu hocken, und kombinieren Sie das mit Kniebeugen. Denn das Hocken stärkt Muskeln, die für eine gute Geburt sehr wichtig sind.

Entspann dich doch mal!

Leichter gesagt als getan, wenn sich plötzlich so vieles ändert! Daher ist es hilfreich, sich in der Schwangerschaft Zeit zum Entspannen zu nehmen und Techniken zu erlernen, die Geist und Körper dabei unterstützen, zur Ruhe zu kommen.

Klassische, bewährte Techniken sind das autogene Training und die Progressive Muskelentspannung. Die meisten Krankenkassen bezahlen entsprechende Angebote als Präventionskurse, wenn sie von qualifizierten Trainern durchgeführt werden.

In den letzten Jahren hat der Begriff „Achtsamkeit“ zunehmend Aufmerksamkeit gewonnen. Zu Recht, denn in unserer schnelllebigen, ziemlich lauten und hektischen Welt ist es oft gar nicht so einfach, mal richtig im Hier und Jetzt zu sein. Die Schwangerschaft ist eine gute Zeit, um das zu üben. Achtsamkeit hilft nämlich, körperliche und psychische Veränderungen bewusst anzunehmen und dadurch besser zu bewältigen – auch die Schmerzen bei der Geburt.

Inzwischen gibt es einige Kurse zu diesem Thema; besonders empfehlenswert ist das Buch „Der achtsame Weg durch Schwangerschaft und Geburt“ von Nancy Bardacke. Weitere Infos zu Entspannungstechniken, auch speziell für die Geburt, finden Sie in Kapitel 4.

Um den Muttermund in einen weichen und geburtsbereiten Zustand zu bringen und die Beckenmuskulatur zu lockern, empfehlen viele Hebammen ab der 38. Schwangerschaftswoche einmal wöchentlich Dampf- oder Sitzbäder mit Heublumen (gibt es in der Apotheke). Sehr hilfreich zur Vorbeugung von Dammverletzungen ist die Dammmassage drei- bis viermal pro Woche.

Hallo Baby, wie geht es dir? Bindung beginnt im Mutterleib

Die Bedeutung des „Bonding“, also der ersten Bindung nach der Geburt, ist inzwischen ziemlich bekannt. Doch im Grunde beginnt die Beziehung zwischen Kind und Eltern bereits viel früher, nämlich schon in der Schwangerschaft. Ungeborene reagieren sehr sensibel auf die Emotionen der Mutter. Stresshormone, aber auch Glückshormone und Gefühle der Freude und Zuneigung beeinflussen Ihr Baby.

Das bedeutet nicht, dass jeder kurze Stress schadet. Doch machen Sie sich bewusst, dass Ihr Körper mit all seinen Hormonen und Stimmungen, mit den Geräuschen und Stimmen, die ihn umgeben, die erste Umgebung ist, die Ihr Kind prägt.

Deshalb versuchen Sie Stress zu reduzieren und lassen Sie es sich möglichst gut gehen – denn dann geht es auch Ihrem Baby gut! Und wenn es doch mal stressig ist, erklären Sie Ihrem Baby, dass das nichts mit ihm zu tun hat und, dass Sie es lieb haben und sich darauf freuen, es bald kennen zu lernen.

Gönnen Sie sich immer wieder ein wenig Zeit, in der Sie Ihren Bauch streicheln und mit Ihrem Baby sprechen. Wenngleich es die konkreten Worte noch nicht versteht, wirkt sich der freundliche Klang Ihrer Stimme positiv auf das Wohlbefinden Ihres Kindes aus.

Weitere Anregungen für die Kommunikation mit Ihrem kleinen Bauchbewohner finden Sie in dem Buch „Bauchgeflüster" von Sabine Schlotz.

Die Schwangerschaft als Paar erleben

Die Frau hat natürlich das Vorrecht, das Kind in ihrem Körper zu tragen, und hat dadurch eine sehr direkte Verbindung zum Baby. Doch die Schwangerschaft löst auch im werdenden Vater große Veränderungen aus – nicht nur emotional, sondern auch körperlich. Denn die Hormonwelt des Mannes wird durch die Schwangerschaft verändert: So sinkt bei vielen Männern während dieser Zeit der Testosteronspiegel, was auch zu sexueller Unlust führen kann.

Einige Männer haben Angst, beim Liebesspiel etwas „kaputt" machen zu können. Diese Sorge ist jedoch unbegründet: Das Baby ist in der Gebärmutter gut geschützt. Nur in wenigen Fällen, zum Beispiel bei Blutungen oder vorzeitigen Wehen, ist Enthaltsamkeit nötig.

Während einige Frauen in der Schwangerschaft sexuell aufblühen und viel häufiger in Stimmung sind als zuvor, machen anderen die körperlichen Belastungen zu schaffen, und Sex ist dann meist wenig beliebt. Oft schwankt die sexuelle Lust aber auch während der Schwangerschaft.

Es gilt also, füreinander Verständnis zu zeigen und auch als Frau die „Stimmungsschwankungen" des Partners gelassen anzunehmen.

Das entbindet den Mann natürlich nicht von der Pflicht, saure Gurken zu besorgen oder andere Bedürfnisse durch Schwangerschaftsgelüste zu erfüllen …

Dem werdenden Vater kann es helfen, sich Grundwissen über die Schwangerschaft anzueignen, damit er besser versteht, was gerade mit seiner Partnerin passiert. Dazu sind Informationen aus Büchern oder dem Netz hilfreich (siehe der Abschnitt „Zum Schmökern und Informieren" weiter unten).

Außerdem bieten viele Familienbildungsstätten Kurse für werdende Eltern an (z. B. „Fit für den Start"). An einigen Orten gibt es inzwischen Geburtsvorbereitungskurse speziell für Männer und in vielen normalen Geburtsvorbereitungskursen werden zumindest ein oder zwei Paarabende angeboten.

Übrigens: Papas Stimme ist für das Baby im Mutterleib und auch nach der Geburt sehr wohltuend. Tiefe Stimmen wirken nämlich besonders beruhigend und entspannend.

Die ersten Weichen frühzeitig stellen: Wie wollen wir als Familie leben?

Nutzen Sie die Schwangerschaft, um mit Ihrem Partner über seine und Ihre Vorstellungen vom Familienleben zu reden. Nach der Geburt wird so vieles neu und herausfordernd sein, dass dann erst einmal kaum Zeit und Energie für solche Grundsatzdiskussionen vorhanden sein wird.

Sprechen Sie darüber, wie Sie in Ihrer Kindheit das Familienleben und die Erziehung Ihrer Eltern erlebt haben. Tauschen Sie sich über Werte aus, die Sie Ihrem Kind vermitteln wollen, und über Wünsche und Ideen, wie Sie neben der Elternrolle auch das Paarleben und Hobbys lebendig halten können. Konkrete Fragen für diese Weichenstellung finden Sie weiter unten.

Ein ganz wichtiges Thema ist die Aufgabenverteilung mit Blick auf Kinderbetreuung, Haushalt und Erwerbstätigkeit. Auch in unserer postmodernen Zeit nehmen viele Paare, wenn sie Eltern werden, oft ganz automatisch die traditionellen Rollen ein: Die Frau bleibt mindestens zwölf Monate zu Hause, der Mann hingegen nimmt maximal die zwei „Vätermonate". Wenn beide sich mit der klassischen Rollenverteilung wirklich wohlfühlen, kann sie eine gute Lösung sein.

Doch oft merken die Mütter nach einiger Zeit, dass ihnen „die Decke auf den Kopf fällt". Nicht weil es in ihrem Alltag zu wenig Arbeit gäbe, sondern weil der Austausch mit anderen Erwachsenen und die intellektuelle Herausforderung fehlen. Und der Vater steht unter dem Druck, als Alleinverdiener die Familie ernähren zu müssen – und hat viel zu wenig Zeit mit dem Kind.

Die klassische Rollenverteilung kann also zu einer „Lose-lose-Situation" führen, bei der beide Elternteile unter einem Zuviel und einem Zuwenig leiden: Die Mutter hat zu viel Babyalltag und zu wenig intellektuelle Herausforderung; der Vater hat zu viel beruflichen Druck und zu wenig Zeit, um sein Kind genauso prägen und genießen zu können, wie seine Frau es tut. Auch für die Partnerschaft kann es schwierig sein, wenn beide einen so extrem konträren Alltag erleben und einander womöglich unbewusst um das, was sie selbst gerade vermissen, beneiden.

Für Frauen, die stillen möchten, ist es oft sinnvoll, wenn sie zumindest im ersten halben Jahr nicht oder nur wenig arbeiten, um stressfrei auf die Bedürfnisse des Babys eingehen zu können. Danach wird langsam Beikost eingeführt, die auch der Vater füttern kann. Auch vorher können aber natürlich schon andere Lösungen gefunden werden, zum Beispiel durch das Abpumpen von Muttermilch.

Als Simon und ich zum ersten Mal Eltern wurden, befanden wir uns beide noch mitten im Studium. Das war einerseits anstrengend, andererseits ein großer Segen: Da wir beide recht flexible Studiengänge hatten, konnten wir unsere Stundenpläne aufeinander abstimmen. Vier Wochen nach der Geburt ging das Semester wieder los – und wir haben beide unser Studium fortgesetzt.

Zunächst hatte ich (Melanie) nur wenige Seminare, da ich voll gestillt habe. Im Semester darauf verbrachten wir dann aber schon ungefähr gleich viel Zeit in der Uni. Für uns war das eine tolle Lösung, weil wir so beide ein gutes Gleichgewicht hatten – viel Zeit mit unserem Sohn und gleichzeitig regelmäßige Ausflüge in die „Erwachsenenwelt“. Das tat auch unserer Paarbeziehung gut: Wir lebten nicht in verschiedenen Welten, sondern teilten uns die Aufgaben und wussten somit, wovon der andere sprach, wenn wir uns über unseren Tag austauschten.

Wie auch immer Sie sich entscheiden: Der gesetzliche Mutterschutz besagt, dass Sie als Frau nach der Geburt mindestens acht Wochen lang nicht arbeiten dürfen. Auch Selbstständige, Erwerbslose und Studierende sollten diese Zeit im Blick haben und sich schonen. Es ist auf jeden Fall empfehlenswert, dass Sie als Mann mindestens die ersten vier Wochen zu Hause bleiben, um den neuen Alltag aktiv mitzugestalten und das Baby in Ruhe kennenzulernen. Auf diese Weise können Sie gleich zu Beginn als Familie zusammenwachsen.

Informieren Sie sich über verschiedene Möglichkeiten der Nutzung des Elterngeldes – das neue „Elterngeld Plus“ bietet Eltern großen Spielraum, die Betreuungszeiten flexibel untereinander aufzuteilen. Auch für Kinder ist es positiv, wenn sie beide Elternteile intensiv erleben und nicht einer der beiden nur abends und am Wochenende präsent ist.

Elternzeitmonate können auch gemeinsam genommen werden, und es besteht die Möglichkeit, dass beide Partner in Teilzeit arbeiten und das dabei entfallende Einkommen durch das Elterngeld teilweise erstattet wird. Außerdem können gewählte Modelle während der Laufzeit geändert werden, falls Sie feststellen, dass Sie mit der aktuellen Lösung doch nicht gut zurechtkommen.

Gehen Sie nicht einfach den „Weg des geringsten Widerstandes", sondern überlegen Sie in Ruhe, welche Lösung für Ihre Familie optimal ist.

Fragen an uns:

Wie fühle ich mich aktuell? Welche Gefühle – positive wie negative – löst die Schwangerschaft bei mir aus?
Was macht mich glücklich; was bereitet mir Sorgen?
Was hat mir an meiner Kindheit gefallen; was will ich als Mutter/Vater unbedingt anders machen als meine Eltern?
Worauf wollen wir als Eltern achten, um weiter ein Paar zu bleiben?
Worauf möchten wir auch im „neuen Leben" als Eltern auf keinen Fall verzichten – als Individuen und als Paar (z. B. sportliche Aktivitäten, ein Paar-Abend pro Woche, regelmäßige Wanderungen etc.)?
Welche Aufgabenverteilung in Bezug auf Kinderbetreuung, Haushalt und Erwerbstätigkeit streben wir an?
Ab wann soll unser Kind von anderen Menschen betreut werden? Welche Art der Betreuung können wir uns vorstellen?

Zum Schmökern und Informieren:

- Nancy Bardacke: Der achtsame Weg durch Schwangerschaft und Geburt, Arbor 2013
- Sabine Schlotz: Bauchgeflüster. Schwangerschaftsrituale für eine innige Mutter-Kind-Beziehung, Trias 2015
- Stefan Maiwald: Wir sind Papa! Was Väter wirklich wissen müssen, Gräfe und Unzer 2014
- Gerald Hüther & Ingeborg Weser: Das Geheimnis der ersten neun Monate, Beltz 2015
- Amy und Marc Vachon: Wirklich gemeinsam Eltern sein. Das Handbuch für die neue Eltern-Generation, Herder 2014
- Stefanie Lohaus und Tobias Scholz: Papa kann auch stillen. Wie Paare Kind, Job & Abwasch unter einen Hut bekommen, Goldmann 2015
- www.familienplanung.de: Infos zu Schwangerschaft, Geburt, Vater werden, kostenloser Newsletter für Schwangere und für werdende Väter
- https://www.vaeter-zeit.de: eine informative Seite rund ums Vater-Werden und -Sein

Gebet:

„Unser Vater, wir danken dir für dieses Wunder des neuen Lebens. Bitte segne unser kleines Kind und uns als Eltern. Hilf uns, alle wichtigen Vorbereitungen zu treffen, diese besondere Zeit mit innerem Frieden zu erleben und all die Herausforderungen gemeinsam zu bewältigen. Bitte stärke uns. Amen."

Die Geburt – die Reise ins Leben

So liefs bei Melanie:

Unser Sohn Lias kam fünf Tage nach dem errechneten Termin zur Welt.

Da ich vorzeitige Wehen gehabt hatte, waren wir schon seit Wochen in „Habachtstellung“ gewesen, und dadurch wurde die Zeit des Wartens ziemlich lang …

Als ich um zwei Uhr nachts aufwachte, empfand ich etwas wie einen dumpfen Schlag in meinem Unterleib – und verlor plötzlich jede Menge Flüssigkeit. Die Fruchtblase war geplatzt! Simon und ich waren ganz freudig-aufgeregt und aufgekratzt – endlich war es so weit! Wir riefen im Kreißsaal an, wo man uns riet, noch ein bis zwei Stunden zu Hause zu warten, bis die Wehen stärker und häufiger wurden. Daher schmierte Simon erst einmal ein paar Brote und wir stärkten uns noch, bevor es richtig losging.

Im Krankenhaus waren die Wehen dann schon ziemlich schmerzhaft, aber es tat gut, herumzulaufen und mich während der Wehen an Simon festzuhalten. Er war mir im wahrsten Sinne des Wortes eine sehr gute Stütze! Die Wehen waren natürlich nicht angenehm, aber doch irgendwie auszuhalten.

Als dann die Übergangswehen und danach die Presswehen kamen, begann für mich die schlimmste Phase der Geburt, weil ich den starken Druck nach unten als sehr schmerzhaft empfand. Allerdings leide ich an leichter Endometriose und einem Reizdarm, sodass ich in diesem Bereich wohl auch besonders schmerzempfindlich bin.

Leider ging es dann nicht recht voran, Lias rutschte nicht weiter herunter und die Herztöne wurden schlechter. Ich fühlte mich hilflos und überfordert – die Hebammen sagten mir immer wieder, wie ich nicht atmen sollte, aber konnten mir auch nicht erklären, was ich stattdessen tun sollte.

Nach über zwei Stunden Presswehen kam der Oberarzt herein und sprach mir mit beruhigender Stimme zu: „Wir bringen das jetzt zusammen zu Ende, okay?" Er strahlte unheimlich viel Sicherheit und Ruhe aus, was in diesem Moment sehr, sehr hilfreich war. Er drückte dann auf meinen Bauch – ein Griff, der kritisch gesehen wird, der uns aber in dieser Situation wohl die Saugglocke oder andere Eingriffe erspart hat. Nach neun Stunden war die Geburt endlich geschafft!

Lias ging es dann erst nicht so gut; er hatte leichte Atemprobleme und war bläulich. Nach einem ersten kurzen Kennenlernen wurde er daher zur Untersuchung weggebracht – und wir sahen ihn erst nach einer Stunde wieder. Im Nachhinein haben wir es sehr bereut, dass wir das Personal einfach haben „machen lassen", anstatt darauf zu bestehen, dass zumindest Simon unseren Kleinen begleitet. Wir können uns gut vorstellen, dass diese frühe erste Trennung auch zu seinen späteren Schreiproblemen beigetragen hat.

Die Geburt unserer Tochter Josephin verlief deutlich kürzer (knapp vier Stunden) und unkomplizierter. Den Großteil der Geburt verbrachten wir sogar zu Hause; im Kreißsaal waren wir nur eine Stunde.

Daheim konnte Simon mich sehr gut unterstützen, indem er mit sanftem Druck auf den Rücken einen Gegendruck zu den Wehen erzeugt hat – ein Trick aus dem Geburtsvorbereitungskurs. Sehr stressig war dann allerdings der Weg in die Klinik, weil ich auf dem Weg vom Parkplatz zum Aufzug schon im Zwei-Minuten-Takt starke Wehen hatte, immer wieder in die Knie gehen musste, mich im Empfangsbereich der Klinik beobachtet fühlte und Angst hatte, es nicht mehr rechtzeitig in den Kreißsaal zu schaffen.

Die Angst war nicht ganz unberechtigt – als wir im Kreißsaal angekommen waren, stellte die Hebamme fest, dass der Muttermund bereits neun Zentimeter offen war! Die Übergangswehen und Presswehen empfand ich wieder als sehr anstrengend. Simon konnte in dieser Phase nicht mehr ganz so viel tun, außer Händchen halten und einfach präsent zu sein; die Bedeutung einer solchen Unterstützung sollte man aber nicht unterschätzen!

Wichtig war für mich in dieser Phase, dass die Hebamme mich immer wieder zum bewussten Atmen anleitete. Das half mir, mich auf die Wehen einzulassen. Denn wenn ich mich gegen den Schmerz wehrte, wurde er nur noch schlimmer, während ein bewusstes Mitarbeiten ihn erträglicher machte.

Simon war während der Pressphase so aufgeregt, dass er es mit der aktiven Beteiligung kurzzeitig etwas übertrieb: Als der Kopf unserer Tochter schon herausschaute, gab es eine kurze Wehenpause, und Simon rief: „Der Kopf ist da, pressen, Melanie!" Die Hebamme schüttelte nur den Kopf: „Sie hat gerade keine Wehe, sie kann nicht pressen." Die Erinnerung daran bringt uns immer wieder zum Schmunzeln.

Beide Geburten waren sehr eindrucksvolle, prägende Erlebnisse, die uns auch als Paar enger zusammengeschweißt haben. Die Schmerzen erlebt jede Frau anders – da sie für mich in der zweiten Hälfte der Geburt recht extrem waren, war es für mich wichtig, nach den Gebur-

ten jeweils mit meinem Partner, der Hebamme und anderen Vertrauten darüber zu sprechen, um das Erlebte zu verarbeiten.

Definitiv waren die Geburten Grenzerlebnisse, auf die Simon und ich mit Stolz zurückblicken und aus denen wir mit mehr Stärke und mehr Ehrfurcht vor dem Leben herausgegangen sind.

Wo sind die guten Geburtsberichte?

Wir alle kennen grausame Geburtserzählungen von Notkaiserschnitten, entsetzlichen Schmerzen und ganz viel Blut. Auf einer Party wurde eine junge Frau, die noch keine Kinder hatte, sehr gesprächig, als sie erfuhr, dass wir Eltern sind: „So eine Geburt muss doch heftig sein, oder? Also, eine Bekannte von mir, die hat so gelitten, bei der ist sogar der Darm gerissen!"

Ich (Melanie) fragte: „Meinst du vielleicht den Damm? Das Stück Haut zwischen Vagina und After, wo bei einer Geburt manchmal etwas reißt?" „Ja, ich glaube schon ...", murmelte sie und wir mussten ein wenig schmunzeln. Die meisten Leute lieben Horrorgeschichten – da wird dann eben auch gerne mal etwas missverstanden oder aufgebauscht.

Worüber leider viel zu wenig geredet wird, sind die positiven Geburtserfahrungen. Die, bei denen Frauen überrascht waren, dass eine Geburt gar nicht so schlimm ist, wie immer behauptet wird. Oder die, bei denen die Frau die Wehen zwar als schmerzhaft, aber durchaus erträglich empfand, weil sie sich sicher und gut begleitet fühlte. Einige Frauen trauen sich gar nicht, davon zu berichten, weil alle anderen doch so schreckliche Erfahrungen gemacht haben.

Viel wird darüber gesprochen, was alles schiefgehen kann. Und viel zu selten wird die Stärke des weiblichen Körpers thematisiert, die natürlichen Glückshormone, die der weibliche Körper in einer sicheren Umgebung ausschüttet und die auf ganz natürliche Weise die Schmerzen lindern.

Es ist ein Teufelskreis: Weil wir so viele schrecklichen Geburtsberichte hören, gehen wir mit großer Angst in die Geburt. Angst führt zu Anspannung, welche das Schmerzempfinden verstärkt und häufig den Geburtsverlauf stört. Wenn die Geburt dann schlecht läuft, erzählen wir anderen davon, deren Erwartungen an die Geburt dadurch wiederum negativ geprägt werden …

Deshalb ein wichtiger Tipp: Werdende Eltern sollten sich vor negativen Geburtsberichten schützen. Füttern Sie Ihr Gehirn stattdessen mit Berichten von guten Geburten, um mit einer positiven Einstellung an diese Herausforderung heranzugehen. Beispiele finden Sie unter anderem in dem Buch „Die selbstbestimmte Geburt" von Ina May Gaskin oder im Internet durch Eingabe des Begriffs „positive Geburtsberichte" in Suchmaschinen oder bei Youtube.

Was oft in der Geburtshilfe schiefläuft – und wie Eltern damit umgehen können

Leider ist die Kaiserschnittrate in Deutschland inzwischen bei über 30 Prozent angelangt. Eine Zahl, die sich keineswegs medizinisch rechtfertigen lässt, sondern die durch Personalmangel, Zeitdruck und eine Kultur der Angst zustande kommt.

Immer mehr Hebammen bieten keine Geburtshilfe mehr an – weil sie lächerlich schlecht bezahlt werden, die Kosten für die Haftpflichtversicherung unglaublich hoch sind und ihnen das Risiko, verklagt zu werden, zu hoch erscheint.

„Wenn man etwas gemacht hat, ist man hinterher auf der sicheren Seite", erzählte mir neulich eine Hebamme. „Wenn etwas schiefgeht und man nachweisen kann, dass man etwas unternommen hat, ist das besser. Deshalb wird so viel eingegriffen, auch wenn es eigentlich nicht nötig ist."

„Die Kunst, zu warten" – so benennt die Hebammenzeitschrift das Geheimnis guter Geburtshilfe.[4] Die Geburt ist eine beeindruckende Leistung des weiblichen Körpers. Und dafür braucht es Zeit, Ruhe und Sicherheit. Damit die Gebärmutter sich öffnet, muss die Frau ein Stück weit loslassen können – das geht aber nur in einer Atmosphäre ohne Hektik, ständig wechselndes Personal und übertriebene Kontrollen wie Dauer-CTGs.

Viel zu häufig werden Geburten eingeleitet, obwohl es keine Hinweise darauf gibt, dass es dem Ungeborenen schlecht geht. Natürlich fällt werdenden Eltern das Warten schwer, doch so harmlos, wie viele Mediziner sie darstellen, ist eine Einleitung keineswegs. So empfinden viele Frauen eingeleitete Wehen als deutlich schmerzhafter als natürliche; manchmal tritt auch ein „Wehensturm" ohne Pause auf.

Nach einer Einleitung brauchen Frauen besonders oft eine PDA, die den Geburtsvorgang ebenfalls stören kann, weil sie das aktive Mitarbeiten und spätere Mitpressen erschwert – wodurch wiederum das Risiko für den Einsatz der Saugglocke, Zange oder gar einen Kaiserschnitt höher ist.

Sprich: Medizinische Interventionen fördern weitere medizinische Interventionen. Oder anders gesagt: Für medizinische Eingriffe in den natürlichen Verlauf einer Geburt sollte gelten: So wenig wie möglich, so viel wie nötig.

Weil das aber nicht den Routinen in vielen Kliniken entspricht, ist es wichtig, dass Eltern gut vorbereitet in die Geburt gehen und um ihre Rechte wissen. So müssen alle Eingriffe abgesprochen werden (außer in lebensbedrohlichen Notfällen) und über Risiken und

---

4. https://www.dhz-online.de/index.php?id=630&no_cache=1&tx_ttnews%5Btt_news%5D=5112

Nebenwirkungen muss sorgfältig aufgeklärt werden. Ansonsten liegt eine Rechtsverletzung vor. Lassen Sie sich also zu nichts drängen, sondern alles zunächst genau erklären.

Ein Beispiel ist die vorsorgliche Oxytocin-Spritze nach der Geburt, damit sich die Plazenta schneller löst. Dadurch wird die Geburt der Plazenta besser planbar und stärkeren Blutungen wird vorgebeugt. Bei unproblematischen Verläufen spricht aber in der Regel nichts dagegen, erst einmal abzuwarten, ob die Plazenta von selbst geboren wird (was ja ganz natürlich ist), und die Blutungen danach gut zu beobachten. Denn Oxytocin ist ein Hormon, das der Körper nach der Geburt selbst ausschüttet, und es ist noch unklar, inwiefern dieser Prozess durch das Spritzen von künstlichem Oxytocin gestört wird.

Paare sollten sich daher vor der Entbindung gut informieren und ihre Vorstellungen und Wünsche in einem schriftlichen „Geburtsplan“ festhalten.[5] Dieser Geburtsplan sollte am besten während des Anmeldegesprächs in der Klinik besprochen werden. Sollte ein solches Gespräch nicht stattfinden, kann man sich zumindest vorab informieren, ob die Klinik bereit ist, sich auf die entsprechenden Wünsche einzulassen.

Wichtig ist, dass der werdende Vater den Geburtsplan gut kennt, ihn bei der Geburt dabeihat und darauf achtet, dass dieser berücksichtigt wird. Natürlich handelt es sich nur um einen Plan und es können immer Ereignisse auftreten, die Flexibilität und Abweichungen vom Plan erfordern. Doch solche Änderungen sollten stets gut abgesprochen werden und nicht über den Kopf der werdenden Eltern hinweg entschieden werden.

---

5. Anregungen und Beispiele gibt es unter anderem auf https://www.babycenter.de/a8830/einen-geburtsplan-schreiben und https://meinetraumgeburt.com/2016/01/20/geburtsplan/

Geburt – wo und mit wem?

An dieser Frage scheiden sich die Geister. Sicher ist, dass bei Hausgeburten und im Geburtshaus weniger in den natürlichen Geburtsverlauf eingegriffen wird. Auch das Risiko, sich Keime einzufangen, wie sie in Kliniken herumschwirren, reduziert man mit einer Geburt zu Hause oder im Geburtshaus deutlich. Eine Geburt zu Hause hat außerdem den großen Vorteil, dass während der Geburt keine Autofahrt und kein Ortswechsel nötig sind – ein Stressfaktor, der nicht unterschätzt werden sollte.

Bei beiden Geburten hatte ich (Melanie) den Eindruck, dass der Ortswechsel von zu Hause in die Klinik meine Anspannung deutlich erhöht hat, wodurch ich auch die Schmerzen als schlimmer empfunden habe. Viele Frauen fühlen sich in den eigenen vier Wänden einfach wohler und können sich in der vertrauten Umgebung besser entspannen.

Ein häufiger Vorwurf gegenüber Hausgeburten und Geburtshäusern ist die mangelnde Sicherheit. Natürlich kann im Krankenhaus schneller ein Arzt geholt werden, wenn ein Notfall eintritt. Andererseits werden in der Klinik eben auch deutlich häufiger unnötige Eingriffe vorgenommen, die dann selbst zu Problemen führen.

Die Statistiken der Gesellschaft für Qualität in der außerklinischen Geburtshilfe zeigen, dass tatsächlich Geburten außerhalb von Kliniken bei normalen Schwangerschaftsverläufen genauso sicher sind wie Klinikgeburten.[6] Bei Komplikationen in der Schwangerschaft oder zu erwartenden Schwierigkeiten bei der Geburt bleibt ohnehin nur die Geburt in der Klinik.

Es gibt allerdings auch Frauen, die sich bei einer Geburt zu Hause oder im Geburtshaus einfach nicht entspannen können, weil sie so

6. Vgl. Qualitätsbericht 2015 Außerklinische Geburtshilfe in Deutschland: http://www.quag.de/downloads/QUAG_bericht2015.pdf

große Angst vor Komplikationen haben, und die deshalb in einer Klinik besser aufgehoben sind. Ein guter Kompromiss kann es dann sein, eine Beleghebamme oder eine Doula mitzunehmen.

Eine Beleghebamme ist eine Hebamme, die in einer Klinik arbeitet (oder selbstständig ist, aber einen entsprechenden Vertrag mit bestimmten Kliniken abgeschlossen hat). Sie lernt Schwangere bereits während der Schwangerschaft kennen und ist dann um die Geburt herum in Rufbereitschaft, um die Geburten „ihrer" Frauen zu begleiten. So kann man vorher genau besprechen, welche Wünsche, Erwartungen und Ängste bestehen, und wird von einer vertrauten Person betreut.

Allerdings werden Beleghebammen durch die prekäre Versicherungssituation immer seltener, sodass es sich lohnt, möglichst bald nach dem positiven Schwangerschaftstest nach einer solchen Fachkraft zu suchen. In manchen Gegenden gibt es inzwischen sogar gar keine Beleghebammen mehr.

Eine gute Alternative sind Doulas, die sich auch in Deutschland immer mehr durchsetzen. Eine Doula ist eine Frau, die selbst mindestens ein Kind bekommen hat und eine Weiterbildung absolviert hat, in der sie gelernt hat, wie sie Frauen während der Geburt unterstützen kann. Die Doula trägt dabei keine medizinische Verantwortung, sondern hilft mit speziellen Techniken zur Entspannung und Schmerzbewältigung.

Wenn Sie sich für eine Klinikgeburt entscheiden, erkundigen Sie sich vorher nach der Kaiserschnittrate (die möglichst unter 30 Prozent liegen sollte), nach Routinen rund um die Geburt, z. B. Dauer-CTG oder Oxytocingabe zur Plazentalösung nach der Geburt, nach der Stillfreundlichkeit und ob Sie (wenn gewünscht) ein Familienzimmer bekommen können.

Fragen Sie auch, ob Sie Ihr Kind nach der Geburt ständig in Ihrem

Zimmer haben können (in den meisten Kliniken ist das inzwischen selbstverständlich) und wie oft eine Hebamme mehrere Frauen gleichzeitig betreut (das wäre sehr ungünstig).

Auch eine ambulante Geburt, bei der Sie, sofern es Mutter und Kind gut geht, die Klinik einige Stunden nach der Geburt verlassen, kann ein guter Kompromiss sein.

Wehen bewältigen – natürliche Methoden

Viele Frauen machen gute Erfahrungen mit der PDA; der lokalen Betäubung, die in die Nähe des Rückenmarks gespritzt wird und die Wehenschmerzen stark lindert. Auch Lachgas erlebt gerade eine Renaissance. Es ist gut, dass es diese Möglichkeiten gibt – dennoch bergen sie nach wie vor Risiken und Nebenwirkungen, die auch noch nicht abschließend erforscht sind.

Daher ist es immer ratsam, erst einmal natürliche, sanfte Methoden der Schmerzbewältigung auszuprobieren. Inzwischen wissen wir viel über den Zusammenhang zwischen der Psyche und dem Schmerzempfinden. Angst verstärkt Schmerzen, während ein entspannter Zustand hilft, Schmerzen besser ertragen zu können.

Der Körper hat eigene Mittel für die Bewältigung der Geburtswehen – körpereigene Endorphine, also Glückshormone, welche die Schmerzen lindern. Diese können aber nicht wirksam werden, wenn die Frau voller Angst und Anspannung ist. Daher sind Entspannung und Ruhe eine absolute Grundvoraussetzung für einen guten Geburtsverlauf.

Inzwischen existieren einige Methoden, die genau das fördern. In den meisten Geburtsvorbereitungskursen lernen werdende Eltern Atemtechniken, welche helfen, sich zu beruhigen und zu fokussieren.

Wellen statt Wehen – eine neue Sprache für eine positive Geburt

Ein aktueller Trend ist das „Hypnobirthing". Das klingt esoterisch, im Grunde meint „Hypnose" in diesem Zusammenhang aber eher einen tiefen Entspannungszustand. Um diesen zu erreichen, lernen Paare spezielle Entspannungs- und Atemübungen.

Sie visualisieren bestimmte Bilder, zum Beispiel von einer sich öffnenden Blume, um den Körper dabei zu unterstützen, loszulassen und sich zu öffnen. Oder einen Regenbogen, dessen Farben dem Körper helfen sollen, sich zu entspannen. Auch bestimmte Massagetechniken gehören zu dieser Methode.

Außerdem wird auf eine positive Sprache geachtet. So werden mit dem Wort „Wehen" bereits Schmerzen assoziiert, während die Vertreter dieser Methode erklären, dass es sich bei Wehen eher um „Wellen" des Körpers handelt, die nicht zwangsläufig schmerzhaft sein müssen. Auch wird vom Pressen abgeraten – stattdessen soll das Baby „hinausgeatmet" werden.

Aussagen dieser Art führen dazu, dass der Methode manchmal vorgeworfen wird, sie verspreche den Eltern eine schmerzfreie Geburt und sei daher ziemlich unrealistisch. Ich (Melanie) habe mich in meiner zweiten Schwangerschaft mit dem Buch „Hypno-Birthing" von Marie F. Mongan beschäftigt und einige darin beschriebene Techniken geübt.

In der ersten Hälfte der Geburt empfand ich dies als hilfreich; während der Übergangs- und Presswehen haben mir aber nur noch die Atemanleitungen der Hebamme geholfen. Vielleicht wäre die Wirkung besser gewesen, wenn ich Simon mehr in die Vorbereitung mit einbezogen hätte, sodass er mich, als die Wehen stärker wurden, an einige Techniken hätte erinnern können.

Achtsamkeit in der Geburtsvorbereitung

Ein sehr sinnvoller Ansatz ist die Verbindung der Geburtsvorbereitung mit Achtsamkeitsübungen, das sogenannte „Mindful Birthing". Dabei lernen Frauen, wie sie das Schmerzempfinden durch Gedanken und Haltungen beeinflussen können.

Das Üben von Achtsamkeit hilft, ganz im Hier und Jetzt zu sein – eine Fähigkeit, die uns in unserem hektischen Alltag oft abhandenkommt. Sie passt zu dem biblischen Grundsatz „Alles hat seine Zeit" und ist ein unscheinbarer, aber sehr wirkungsvoller Weg, um das Leben bewusster zu erfahren und zu entschleunigen.

Im Folgenden sollen ein paar Inhalte dieses Ansatzes vorgestellt werden:[7]

Eine praktische Übung der achtsamkeitsbasierten Geburtsvorbereitung ist das Festhalten eines Eiswürfels. Im ersten Durchgang sollen die Teilnehmerinnen sich auf den Schmerz konzentrieren, jammern und negative Äußerungen von sich geben wie: „Das tut so schrecklich weh! Das halte ich nicht aus! Das ist unerträglich!"

Im zweiten Durchgang sollen die Teilnehmerinnen dann, während sie den Eiswürfel halten, sich ganz bewusst auf ihren Atem konzentrieren – und stellen dabei fest, dass der Schmerz dadurch deutlich erträglicher wird.

Zu diesem Zweck schlägt die Methode verschiedene Atemtechniken vor: zum Beispiel während einer Wehe die Atemzüge (Einatmung plus Ausatmung) zu zählen – mit dem Bewusstsein, dass eine Wehe nach ca. sieben bis zehn Atemzügen vorbei ist.

Die achtsamkeitsbasierte Geburtsvorbereitung nach Nancy Bardacke beinhaltet weitere konkrete Techniken zur Schmerzbewälti-

7. Vgl. Nancy Bardacke: Der achtsame Weg durch Schwangerschaft und Geburt, Arbor 2013

gung: Beispielsweise übt man, sich ganz bewusst auf diejenigen Körperbereiche zu konzentrieren, die im Moment *nicht* wehtun.

Ein weiterer Tipp ist, während einer Wehe die Mundwinkel nach oben zu ziehen, wie bei einem Lächeln. Forschungen haben ergeben, dass dabei Endorphine freigesetzt werden, welche Schmerzen lindern.

Ein besonders destruktiver Gedanke während einer Entbindung ist hingegen die Annahme, dass die Schmerzen noch ewig so weitergehen und immer schlimmer werden – also die Fokussierung auf die Zukunft mit negativen Erwartungen. Das fördert Angst und Anspannung und verschlimmert damit das Schmerzempfinden. Dieser Gedanke führt schnell zu dem Schluss: „Das schaffe ich niemals!“

Wenn man sich dagegen vor Augen hält, den Schmerz für 60, maximal 90 Sekunden aushalten zu müssen, klingt das doch viel eher nach einer machbaren Aufgabe, oder nicht?

Ebenso gilt es, die Pause zwischen den Wehen zu nutzen. Wenn die Angst die Oberhand gewinnt, denken viele Frauen schon während der Pause an die nächste Wehe. Oder sie sind gedanklich noch bei der letzten – und verschenken damit die wertvolle Zeit, in der sie sich erholen und zur Ruhe kommen können.

Der Ansatz der Achtsamkeit dagegen hilft, im gegenwärtigen Moment zu bleiben: „Was zählt, ist das Jetzt. Jetzt habe ich keine Schmerzen. Wenn die Wehe gerade schlimm war, heißt das nicht, dass die nächste genauso sein wird. Wenn ich mich jetzt gut erhole, kann ich die nächste Wehe besser annehmen und bewältigen.“

„Vergangenheit ist Geschichte, Zukunft ein Geheimnis und jeder Augenblick ein Geschenk“, sagte die Sängerin Ina Deter. Das ist eine gute Haltung für das gesamte Leben und auch für die Geburt. Machen Sie sich bewusst, dass nur die Gegenwart real ist. Nur der gegenwärtige Moment ist wirklich da – deshalb leben Sie ganz in diesem Moment.

Für die Wehen heißt das: Versuchen Sie den Schmerz anzunehmen – mit dem Bewusstsein, dass er vorübergehend ist und Ihr Baby immer näher zu Ihnen bringt. Und für die Pause: Was war oder was kommt, ist gerade nicht relevant. Was zählt, ist das Jetzt. Und jetzt sind Sie schmerzfrei.

Wer Achtsamkeit trainiert, übt auch eine nicht wertende Haltung. Wir neigen dazu, Erlebnisse direkt zu bewerten, sie in Kategorien wie „gut", „schlecht", „schön", „unangenehm" und so weiter einzuordnen.

Wenn wir aber ehrlich sind, müssen wir zugeben, dass scheinbar schlechte Ereignisse oft doch zu etwas Gutem führen. Oder etwas, das wir unbedingt wollten, ist dann doch nicht so toll, wie wir erwartet hatten. Deshalb sollten wir urteilsfreier, offener und akzeptierender mit dem, was wir erleben, umgehen.

„Es ist, wie es ist, und es kommt, wie es kommt" ist ein viel zitierter Satz aus dem Bestsellerroman „Der Hundertjährige, der aus dem Fenster stieg und verschwand"[8]. Das klingt zunächst recht einfältig und keinesfalls wollen wir dazu auffordern, alles, was geschieht, einfach hinzunehmen. Vieles auf dieser Welt läuft falsch und bedarf des Protestes und aktiver Veränderung.

Manchmal geschehen aber Dinge, auf die wir – zumindest aktuell – keinen Einfluss haben. Zum Beispiel, wenn die Geburt anders verläuft als geplant. Dann kann man schnell in eine negative Gedankenspirale geraten, wenn man befürchtet, dass alles schiefläuft. Auf diese Weise verspannt man sich, was den Verlauf der Geburt nur noch weiter behindert, und macht alles noch schwerer, als es ist.

8. Jonas Jonasson: Der Hundertjährige, der aus dem Fenster stieg und verschwand, btb 2013

Im Sinne der nicht wertenden Haltung der Achtsamkeit könnte man an diesem Punkt jedoch auch denken: „Hm, das ist anders, als wir es geplant hatten. Aber wer weiß, wozu es gut ist. Manchmal laufen die Dinge anders und trotzdem – oder gerade deswegen – wird am Ende alles gut. Wir lassen uns einfach mal darauf ein, ändern können wir es sowieso nicht. Wir gehen mit und machen das Beste daraus."

Eine solche Herangehensweise befreit von unnötiger Angst, Stress und inneren Blockaden und hilft, das, was passiert, so gut wie möglich zu bewältigen.

Inzwischen gibt es auch in Deutschland erste Kursangebote zu „Mindful Birthing", und auch die Vorbereitung mit dem bereits erwähnten Buch „Der achtsame Weg durch Schwangerschaft und Geburt" von der Begründerin Nancy Bardacke ist sehr empfehlenswert.

Wichtig erscheint uns außerdem, den Partner in diese Form der Vorbereitung miteinzubeziehen, damit er seine Frau während der Geburt an bestimmte Techniken erinnern kann.

Stärkende Worte

Vielversprechend ist auch der Einsatz von Geburts-Affirmationen. Dabei handelt es sich um kurze, ermutigende Sätze, welche zum Beispiel auf kleine Kärtchen geschrieben werden und während der Geburt gelesen bzw. vorgelesen werden können. Es ist wissenschaftlich erwiesen, dass positive Worte einen enormen Einfluss auf das körperliche Wohlbefinden haben – daher halten wir diese Technik für sehr hilfreich.

Hier einige Beispiele:

Mein Körper macht genau das Richtige. Ich lasse mich einfach darauf ein.

Ich lasse alle Muskeln locker und bin ganz ruhig.

Mein Muttermund öffnet sich und mein Baby macht sich auf den Weg zu mir.

Die Wehe dauert höchstens 90 Sekunden. Der Schmerz ist bald vorbei.

Ich bin sicher und geborgen. Alles wird gut.

Wenn ich denke: „Ich kann nicht mehr", bin ich schon kurz vor dem Ziel. Gleich ist es geschafft.

Wenn der Schmerz am stärksten ist, ist die Wehe fast vorbei.

Gläubigen Schwangeren können auch Sätze helfen, die das Vertrauen auf Gottes Fürsorge stärken:

Ich bin sicher in Gottes Armen. Er sorgt für mich und mein Kind.

Auch im größten Sturm bin ich bei Gott geborgen.

Bewegung und weitere Tipps

Um die Schmerzen zu bewältigen, ist außerdem Bewegung hilfreich. Probieren Sie, in welcher Phase der Geburt welche Position für Sie am passendsten ist. Hin- und hergehen, Becken kreisen lassen, knien, Vierfüßlerstand … Aufrechte Positionen und Bewegung helfen Ihrem Kind, den Weg durch den Geburtskanal besser zu finden, und fördern damit den Geburtsverlauf.

Manchmal tut es gut, sich gegen einen Türrahmen zu lehnen oder auch eine Weile auf der Toilette zu sitzen, weil der Körper das „Loslassen" an diesem Ort bereits kennt.

Wenn Sie liegen möchten, legen Sie sich eher auf die Seite, da die Rückenlage die schlechteste Lage für eine Entbindung ist.

Ein warmes Bad hilft vielen Frauen ebenfalls, während der Entbindung Ruhe und Entspannung zu finden, und beruhigende Musik kann sehr nützlich sein.

Ein kleiner Geheimtipp der Hebammenkunst, falls das Baby nicht in das Becken rutscht (kurz vor der Geburt oder währenddessen), ist das „Äpfel-Schütteln": Die Frau legt sich auf die Seite und entspannt so weit wie möglich alle Muskeln. Der Mann (oder die Hebamme, die Doula oder eine andere vertraute Person) schüttelt dann die Pobacken, um das Becken zu lockern. Das klingt lustig und sieht auch amüsant aus, hat aber schon bei vielen Geburten Wunder bewirkt …

Seit einigen Jahren wird Akupunktur verstärkt in der Geburtshilfe eingesetzt – sowohl geburtsvorbereitend als auch, um Geburten sanft einzuleiten. So kann Akupunktur die Geburt verkürzen, den Bedarf an Schmerzmitteln reduzieren und sogar die Geburt in Gang bringen.[9]

Mann kann … sich bei der Geburt aktiv einbringen

In einigen Phasen der Geburt können Männer nicht viel mehr tun, als da zu sein. Aber auch das ist unheimlich wertvoll! Für Ihre Frau ist es sehr hilfreich zu wissen, dass jemand Vertrautes, der mit ihr fühlt und ihre Wünsche und Ängste kennt, an ihrer Seite ist.

Oft gibt es aber auch die Gelegenheit, sich noch aktiver einzubrin-

---

9. Siems et al.(2010): Signifikante Ergebnisse durch geburtsvorbereitende Akupunktur sowie durch Akupunktur zur Wehenanregung bei vorzeitigem Blasensprung. Online: https://www.thieme-connect.com/products/ejournals/abstract/10.1055/s-0030-1269963

gen. Hier finden Männer ein paar konkrete Ideen, wie sie ihre Frau bei der Geburt unterstützen können:

Wenn die Wehen in den Rücken ziehen, hilft vielen Frauen ein leichter Gegendruck mit der Handfläche auf den unteren Rücken.

Ein kühler Waschlappen auf der Stirn erfrischt zwischen den Wehen.

Für Trinken und Essen sorgen

Den Geburtsplan griffbereit halten und auf dessen Berücksichtigung achten

Ermutigungen vorlesen

Atemtechniken vorschlagen und anleiten

Loben, gut zureden

Händchen halten, streicheln, massieren

Die Frau während der Wehen im Stehen oder Gehen stützen und halten

Falls gewünscht, entspannende Musik einlegen

„Äpfel schütteln" (Schütteln der Pobacken und Hüften), um das Becken zu lockern

Das Baby willkommen heißen

Wenn das Baby dann endlich das Licht der Welt erblickt, sollte es so sanft wie möglich empfangen werden. Das bedeutet: möglichst kein grelles Licht und so schnell und so lange wie möglich Körperkontakt zu Mama und Papa.

Untersuchungen sollten auf das Nötigste beschränkt werden – in der ersten Stunde nach der Geburt sollte die neue Familie möglichst viel Zeit haben, um einander in Ruhe kennenzulernen (diese Phase wird auch als „Bonding" bezeichnet, weil sie einen wichtigen Zeitpunkt der Bindung zwischen Eltern und Kindern darstellt).

Überlegen Sie, ob Sie die Nabelschnur recht schnell durchtrennen wollen oder ob Sie darum bitten möchten zu warten, bis diese auspulsiert ist. Das Auspulsieren hat viele Vorteile, da das Baby so besser mit Blut, Sauerstoff und Eisen versorgt wird.

Früher haben viele Babys nach der Geburt vorsorglich antibiotische Augentropfen bekommen – eine ziemlich schreckliche Art, die neuen Erdenbürger willkommen zu heißen, weil die Tropfen sehr brennen und für längere Zeit die Sicht behindern. Für Babys bedeutet eine solche Prozedur (die in den meisten deutschen Kliniken nicht mehr üblich ist), dass eine der ersten Erfahrungen, die sie außerhalb des Mutterleibs machen, mit Schmerz und Angst verbunden ist.

Das Gleiche gilt für unnötige Untersuchungen direkt nach der Entbindung (ausgenommen sind natürlich Komplikationen, die schnelles Handeln erforderlich machen) und Trennungen von den Eltern. Sollte Ihr Baby nach der Geburt zu einer Untersuchung o. Ä. weggebracht werden müssen, sollte zumindest ein Elternteil mitkommen können, um dem Baby Sicherheit zu vermitteln.

Auch das früher übliche Baden nach der Geburt ist nicht empfehlenswert – der Rest Käseschmiere schützt die Haut des Babys und zieht nach einer Weile von alleine ein. Ein Bad bedeutet oft nur unnötige Aufregung.

Es ist sinnvoll, das Baby möglichst schon im Kreißsaal innerhalb der ersten Stunde nach der Geburt anzulegen. Anfangs ist nur sehr wenig Milch in den Brüsten – keine Sorge, das ist genau richtig, der eigentliche Milcheinschuss geschieht erst während der ersten Lebenstage. Das sogenannte Kolostrum, die Milch, die das Baby anfangs erhält, ist zwar nur in geringer Menge vorhanden, aber dafür umso nahrhafter und voller Vitamine und anderer wertvoller Bestandteile.

Fragen an uns:

Welche Gedanken und Gefühle löst das Wort „Geburt" in mir aus? Welche Vorstellungen verbinde ich mit der Entbindung?

Was macht mir mit Blick auf die Geburt Angst? Woher rührt diese Angst und was würde helfen, sie zu verringern oder gar aufzulösen?

Was wünschen wir uns für die Geburt? Was ist uns wichtig?

Welcher Ort passt zu unserer Wunschgeburt? Und welche Menschen sollen uns unterstützen – z. B. Beleghebamme, Doula oder …?

Wie wollen wir uns auf die Geburt vorbereiten?

Zum Schmökern und Informieren:

- Nancy Bardacke: Der achtsame Weg durch Schwangerschaft und Geburt, Arbor 2013
- Ina May Gaskin: Die selbstbestimmte Geburt. Handbuch für werdende Eltern. Mit Erfahrungsberichten, Kösel 2004
- Jobina Schenk: Meisterin der Geburt. Das Selbstcoaching-Buch für mehr Geburtslust & Selbstermächtigung, Books on Demand 2016
- Alexandra Kopf: Traumgeburt. Gelassenheit, Entspannung und Schmerzkontrolle durch Selbsthypnose, Carl-Auer 2015
- Marie F. Mongan: HypnoBirthing. Der natürliche Weg zu einer sicheren, sanften und leichten Geburt, Mankau 2013

Gebet:

„Guter Gott, ein großes Abenteuer liegt vor uns. Die Geburt wirft tausend Fragen und ganz unterschiedliche Gefühle auf. Bitte erfülle uns jetzt und auch während der Entbindung mit deinem Frieden. Hilf uns, alles Wichtige für die Vorbereitung zu durchdenken und zu klären. Bitte hilf uns, während der Geburt zuversichtlich und gelassen zu sein und alles gut zu bewältigen. Schenke auch den Fachleuten, die uns begleiten, Geduld, Motivation und Weisheit. Bitte segne uns und unser Kind. Amen."

Das Wochenbett – anstrengend und zauberhaft!

So liefs bei Melanie und Simon:

Melanie:

Nach Lias' Geburt sind wir noch drei Tage in der Klinik geblieben; bei unserer Tochter hatten wir eine ambulante Geburt geplant und waren tatsächlich schon sechs Stunden nach der Entbindung wieder zu Hause. Das war super, denn dort ist es einfach viel entspannter – schlafen, wann man will, ohne dass ständig jemand hereinkommt oder die Zimmernachbarin einen weckt; essen, wann und was man will …

Bei beiden Kindern haben wir die erste Zeit zu Hause genutzt, um ganz viel zu kuscheln und zu schlafen. Anfangs durften nur die engsten Familienangehörigen vorbeikommen, weiteren Besuch empfingen wir erst nach etwa zwei Wochen.

Simon:

Es war sehr schön, nach Josephins Geburt direkt nach Hause gehen zu können. Als Lias auf die Welt gekommen war, hatten wir kein

Familienzimmer bekommen können. Es fiel mir echt schwer, abends allein nach Hause zu fahren und meine Frau und mein neugeborenes Baby in der Klinik zu lassen! Da ist es etwas ganz anderes, gleich vereint als Familie zu Hause die ersten magischen Momente miteinander verbringen zu können.

Melanie:

Trotz dieses relativ ruhigen Anfangs hatte ich fünf Tage nach der Geburt unserer Tochter den „Babyblues" – einen Heultag, der nach der ersten Geburt an mir vorübergezogen war. Doch an diesem Tag war Lias von den Großeltern zurückgekommen und ich hatte mir die größte Mühe gegeben, ihm ganz viel Aufmerksamkeit zu widmen, damit er sich auf keinen Fall benachteiligt fühle.

Abends merkte ich dann auf einmal, wie sehr ich mich überanstrengt hatte, und wurde überflutet von dem Gefühl: „Ich schaffe das nicht! Ich werde es nicht hinkriegen mit zwei Kindern, ich werde niemals beiden gerecht werden können!" Es tat mir gut, dass Simon sehr verständnisvoll reagierte und mir beide Kinder abnahm, sodass ich mich ein wenig ausheulen und erholen konnte. Am nächsten Tag sah dann schon wieder alles ganz anders aus.

Bei Lias waren die ersten drei Wochen recht entspannt. Dann jedoch begann er sehr viel zu schreien. Das war extrem belastend. Als Eltern ist man mit den Nerven schnell am Ende – man schwankt zwischen totaler Erschöpfung, Mitleid, Frust und Wut auf das Baby, das mit nichts zufrieden ist.

Als Paar haben wir uns in dieser Zeit gegenseitig viel Kraft gegeben, indem wir uns konsequent abgewechselt haben, sodass jeder Erholungszeiten hatte. Wir haben ehrlich über die extremen Emotionen, auch Gefühle der Abneigung und Aggression gegenüber unserem Kind, gesprochen. Natürlich haben wir uns vor lauter Erschöpfung und Frust auch mal gestritten oder haben unnötig patzig reagiert.

Da war es wichtig, sich immer wieder vor Augen zu führen: Das ist nichts Persönliches, sondern nur Ausdruck der Überforderung.

Simon:

Ich hatte irgendwie immer angenommen, dass ein Baby, das rundum geliebt und mit dem oft gekuschelt wird, automatisch glücklich ist: Wenn ein Säugling schreit, dann nimmt man ihn auf den Arm, tröstet ihn, und alles ist wieder gut. Deshalb war das exzessive Schreien, das Lias an den Tag legte, ein ziemlich harter Aufprall auf dem Boden der Realität.

Denn er schrie einfach, bis zu sechs Stunden am Tag – egal was man machte. Das Einzige, was manchmal half, war, ihn ständig in der Tragehilfe vor dem Bauch zu haben. Eine Zeit lang „wohnte" er quasi darin. Ich trug ihn aber ganz gern auf diese Weise, weil ich spürte, wie sehr die Nähe ihn beruhigte.

Melanie:

In beiden Wochenbett-Phasen waren auch die Erinnerung an die Geburt und deren Verarbeitung ein großes Thema. Manchmal träumte ich von der Entbindung und wachte auf mit dem Gefühl, wieder Wehen zu haben. Dass alles vergessen ist, sobald das Kind da ist, kann ich also nicht bestätigen. Es tat mir gut, immer wieder mit Simon, meiner Hebamme und anderen Menschen darüber zu reden. Auch das Aufschreiben der Geburtserlebnisse war heilsam für mich.

Ruhe, Ruhe, Ruhe

Schlaf, Entspannung und ganz viel Kuscheln sind die Top-Prioritäten in den ersten Wochen nach der Geburt. Auch wenn Frauen sich manchmal fühlen, als könnten sie Bäume ausreißen – der Körper leistet auch jetzt noch Unglaubliches durch die hormonelle Umstellung, das Stillen, das Abheilen eventueller Geburtswunden und die Rückbildung der Gebärmutter.

Deshalb: Überlegen Sie genau, welchen Besuch Sie wann zulassen! Wir empfehlen, in den ersten zwei bis drei Wochen höchstens die Menschen, die Ihnen sehr nahestehen, einzuladen. Bitten Sie alle anderen, noch etwas Geduld zu haben. Denn diese erste Phase sollten Sie nutzen, um ungestört Zeit als Familie zu verbringen, viel zu schlafen und alles so ruhig wie möglich anzugehen.

Gut ist es, wenn Sie bereits vor der Geburt ein paar fertige Mahlzeiten einfrieren und außerdem Verwandte und Freunde bitten, etwas Essbares mitzubringen: Das ist in der ersten Zeit eine wirklich sinnvolle Unterstützung, weil Sie gerade anderes zu tun haben, als zu kochen.

Männer sollten ihre Frau in dieser Zeit besonders verwöhnen. Ihre Partnerin hat gerade Außergewöhnliches geleistet – sagen Sie ihr, wie stolz Sie auf sie sind! Gönnen Sie ihr so viel Schlaf und Ruhe wie möglich und versuchen Sie ihr möglichst viele praktische Arbeiten abzunehmen.

Heultage oder mehr?

Viele Frauen erleben kurz nach der Geburt ein emotionales Tief, das durch die Hormonumstellung entsteht. Diese „Heulphase" wird auch als Babyblues bezeichnet. Wenn es sich nur um einen oder wenige Tage handelt, ist das völlig normal – gönnen Sie sich viel Ruhe und erlauben Sie es sich zu weinen. Das hilft auch, die vielen Veränderungen zu verarbeiten.

Als Mann sollten Sie Ihrer Frau mit viel Verständnis begegnen, sie besonders umsorgen und ihr so viel Arbeit wie nur möglich abnehmen.

Wenn die gedrückte Stimmung jedoch anhält, sollten Sie sich über die sogenannte postpartale Depression informieren. Etwa jede siebte Frau erkrankt nach der Geburt an einer Depression.[10]

---

10. www.praxis-dr-shaw.de/blog/wie-viele-frauen-haben-nach-der-entbindung-depressionen/

Anzeichen dafür sind zum Beispiel starke Ängste, Wahnvorstellungen, das Hören von Stimmen, aber auch Apathie, also scheinbare Gefühllosigkeit, Zwangsgedanken, starke Traurigkeit und Niedergeschlagenheit. Die Symptome sind oft sehr stark, aber mit einer guten Behandlung – meist Gesprächstherapie und teils auch zeitweise Medikamente (es existieren auch stillverträgliche Antidepressiva) – ist die Erkrankung gut heilbar.

Wenden Sie sich bei entsprechenden Anzeichen an Ihren Hausarzt oder Gynäkologen oder auch direkt an einen Psychotherapeuten.[11]

Übrigens: Auch Väter können an einer postpartalen Depression erkranken. Denn auch für sie ist die Geburt ein Grenzerlebnis und die Veränderung, die ein Kind mit sich bringt, riesig. Außerdem fühlen sie sich manchmal, gerade anfangs, ausgeschlossen.

Die Mama-Kind-Symbiose oder: Wenn Väter eifersüchtig sind

Gerade wenn Babys gestillt werden, sind sie natürlich am Anfang ganz viel bei Mama. Viele Mütter wollen ihr Neugeborenes auch kaum aus den Händen geben, nicht einmal an den Vater. So kann es passieren, dass Väter sich, teilweise auch ohne sich dessen bewusst zu sein, ausgeschlossen oder überflüssig fühlen – wie das fünfte Rad am Wagen.

Eine ungewollte Eifersucht kann entstehen: sowohl auf das Baby, welches jetzt all die Zärtlichkeit und Aufmerksamkeit der eigenen Partnerin bekommt, als auch auf die Mutter, die scheinbar viel wichtiger für das Baby ist als man selbst.

11. Weitere Informationen und Kontaktadressen gibt die Initiative „Schatten und Licht" (www.schatten-und-licht.de).

Besonders schlimm ist das, wenn „Mann“ sich auch schon bei der Geburt eher hilflos und unnütz gefühlt hat.

Darum ein Wort an die Männer:

Schämen Sie sich nicht für diese Emotionen! Sie stehen damit nicht alleine da und solche Gefühle sind ganz verständlich.

Und: Sie sind sehr, sehr wichtig! Ein ganzer Berg an Forschungsergebnissen und noch viel mehr Erfahrung zeigen, wie unheimlich bedeutsam Väter für die Entwicklung von Kindern sind – und zwar von Anfang an.

Versuchen Sie, Ihre Frau ein wenig zu verstehen: Sie hat das Baby neun Monate in ihrem Bauch getragen, hat es genährt und schließlich auf die Welt gebracht – kein Wunder, dass sie nun am liebsten den ganzen Tag mit ihm kuscheln würde. Sie muss erst Schritt für Schritt lernen, dieses kleine Wesen, das so eng mit ihr verbunden war, auch anderen Menschen anzuvertrauen. Das geht oft nicht von heute auf morgen.

Deshalb nehmen Sie es ihr nicht übel, wenn sie ein wenig besitzergreifend ist oder Sie häufig korrigiert, was die Pflege oder das Halten des kleinen Wunders angeht. Sie ist momentan einfach ziemlich überflutet von Hormonen, die manchmal auch zu etwas … nun ja, unvernünftigem und anstrengendem Verhalten führen. Ein wenig kennen Sie das ja schon aus der Schwangerschaft.

Trotzdem haben Sie natürlich auch ein Recht auf Ihr Kind, und das dürfen Sie – so sanft wie möglich und so nachdrücklich wie nötig – einfordern.

Und an die Frauen:

Lassen Sie auch mal den Papa ran! Wir wissen, wie viel Überwindung es anfangs oft kostet, das Baby mal aus den Armen zu geben. Aber auch der Papa ist sehr wichtig für Ihr Kleines. Seine Stimme hat es während der Zeit im Bauch gehört und auch er wartet schon so lange voller Freude auf den Familienzuwachs.

Es ist wichtig, dass Sie ihn nicht ausschließen! Versuchen Sie ihn nicht ständig zu verbessern. Überlegen Sie, welche Korrekturen wirklich nötig sind. Entmutigen Sie ihn nicht durch unnötige Kritik, sondern bringen Sie ihm Wertschätzung dafür entgegen, wie toll er alles macht!

Die Geburt verarbeiten

Eine Geburt ist für alle Eltern ein prägendes, sehr einschneidendes Erlebnis – mal wunderschön, mal ziemlich schlimm, aber immer sehr beeindruckend und überwältigend. Insbesondere wenn die Entbindung nicht so verlaufen ist wie erhofft, ist eine gute Verarbeitung wichtig. Wenn die Geburt mit starken Ängsten, äußerst schlimm empfundenen Schmerzen und/oder besonderen Gefahren oder Komplikationen verbunden war, kann sie auf Mutter und Kind traumatisch wirken. Unter solchen Umständen kann sie ein Grund für eine postpartale Depression der Mutter oder auch für Schrei- und Schlafprobleme beim Kind sein.

Erste Ansprechpartnerin ist die Hebamme, mit der Sie die Geburt in Ruhe nachbesprechen sollten.

Auch das Gespräch mit Ihrem Partner ist sehr wichtig. Als Mann sollten Sie geduldig reagieren, wenn Ihre Frau möglicherweise immer wieder über die Entbindung sprechen will und Sie den Eindruck haben, dass sie sich dabei ständig wiederholt. Genau das kann ein wichtiger Prozess der Verarbeitung sein!

Hören Sie deshalb aufmerksam zu. Zeigen Sie Verständnis für die Gefühle Ihrer Partnerin und Anerkennung für das, was sie geleistet hat. Sprechen Sie auch ehrlich darüber, wie Sie sich selbst während der Geburt gefühlt haben.

Sollte das nicht reichen, zögern Sie nicht, sich durch eine Therapie oder Trauma-Beratung Unterstützung zu holen. Sie können sich beispielsweise an Frauenberatungs- oder Familienberatungsstellen wenden (Suche u. a. über www.dajeb.de) oder direkt bei Psychotherapeuten anrufen und sich nach Traumatherapie erkundigen. Oft bekommen Sie aber bei einem Therapeuten nicht sofort einen Termin, sodass Beratungsstellen eine gute Überbrückung bieten können.

Ein guter erster Schritt kann auch die Beschäftigung mit unterstützender Literatur sein – wir empfehlen das Buch „Es ist vorbei – ich weiß es nur noch nicht" von Tanja Sahib.

Paar-Beziehung im Wochenbett

Mit Blick auf das Familien-Balance-Modell kann festgestellt werden, dass in dieser Phase selten eine Balance vorhanden ist – in aller Regel steht das Kind absolut im Mittelpunkt! Das ist völlig normal und okay, solange den Eltern klar ist, dass es sich dabei um eine zeitlich begrenzte Phase handelt.

Spätestens nach sechs Wochen sollte allerdings auch die Paar-Beziehung wieder etwas mehr Aufmerksamkeit bekommen – zum Beispiel durch gemütliche Paar-Abende auf dem Sofa und etwas später auch außer Haus, wenn Sie einen vertrauenswürdigen Babysitter haben und die Stillzeiten einigermaßen vorhersehbar sind.

Machen Sie sich als Paar bewusst: Mit der Geburt haben wir gemeinsam ein großes Abenteuer bestanden. Bringen Sie einander Wertschätzung entgegen: Als Mann sollten Sie Ihre Frau für die beeindruckende, unbezahlbare Leistung loben, die sie während Schwangerschaft und Geburt vollbracht hat. Sagen Sie ihr, wie tapfer sie war, wie gut sie alles bewältigt hat, wie stolz Sie auf sie sind. Und als Frau sollten Sie Ihrem Mann ausdrücklich sagen, wie wertvoll seine Unterstützung für Sie war und ist.

Unterstützen Sie einander emotional und ganz praktisch, indem Sie sich gegenseitig Pausen ermöglichen – z. B. durch feste „Schichten“ nachts, damit jeder eine gewisse Zeit in Ruhe schlafen kann. Wenn dies aufgrund des Stillens schwierig ist, helfen auch kleine Auszeiten tagsüber, den „24/7-Job“ zu durchbrechen.

Zärtlichkeit im Wochenbett

Geschlechtsverkehr ist im Wochenbett in der Regel nicht möglich. Nach vaginalen Geburten sollen Frauen mindestens 4–6 Wochen enthaltsam sein und auch nach Kaiserschnitten braucht der Körper Erholung. Für die meisten Männer (und auch manche Frauen) bedeuten die ersten völlig sexfreien Wochen nach der Geburt zwar eine Entbehrung, aber oft empfinden sie diese als nicht ganz so schlimm, wie sie es vor der Geburt womöglich erwartet haben.

Denn auch Männer befinden sich ja mitten in einem rasanten, alles umfassenden Veränderungsprozess. Auch ihr Leben wird gerade auf den Kopf gestellt und auch ihre Hormone spielen verrückt. Nach der Geburt sinkt der Testosteronspiegel von Männern um ca. ein Viertel bis ein Drittel ab.[12] Voraussetzung ist allerdings, dass der Mann sich täglich mindestens drei Stunden um das Baby

12. http://www.pnas.org/content/108/39/16194.full

kümmert. Die Abnahme des männlichen Sexualhormons beginnt sogar schon während der Schwangerschaft der Partnerin.[13] Natürlich sind andere Arten der Zärtlichkeit erlaubt und sehr passend – denn das Halten und Tragen eines Babys fördert die Ausschüttung des „Kuschel"-Hormons Oxytocin. Kuscheln Sie also bewusst nicht nur mit dem Baby, sondern auch miteinander – das stärkt die Verbundenheit in dieser so turbulenten Zeit.

Stillen

Dass Stillen die beste Form ist, ein Baby zu ernähren, ist inzwischen bekannt. Trotz aller Forschung und Fortschritte auf dem Gebiet der Pulvermilch ist es noch immer nicht gelungen, an die Qualität von Muttermilch heranzukommen.

So erkranken Stillkinder deutlich seltener an Mittelohrentzündungen, Bronchitis und Allergien. Auch auf lange Sicht schützt das Stillen vor Diabetes und anderen ernsten Erkrankungen. Sogar für Mütter ist Stillen sehr gesund, denn das Risiko für Brustkrebs wird auf diese Weise deutlich reduziert.

Stillen ist ganz natürlich und trotzdem ist der Anfang nicht immer leicht. Daher finden Sie hier ein paar Tipps für den Start in die Stillzeit:

Zu wenig Milch? Trinken Sie Stilltee mit Bockshornkleesamen, z. B. von Weleda, oder, wenn das nicht reicht, fragen Sie in der Apotheke nach Kapseln mit aktivierten Bockshornkleesamen. Achten Sie darauf, selbst viel zu essen (Sie haben einen zusätzlichen Bedarf von ca. 600 Kalorien!), insgesamt genug zu trinken und sich viel Ruhe zu gönnen. Legen Sie Ihr Baby oft an, um die

13. http://www.scinexx.de/wissen-aktuell-18380-2014-12-18.html

Milchproduktion zu fördern. Will es nicht so oft trinken, können Sie auch zwischendurch ein wenig abpumpen, um die Produktion anzuregen.

Zu viel Milch? Kühlen Sie die Brust nach dem Stillen und versuchen Sie möglichst nicht abzupumpen, da das die Milchproduktion zusätzlich erhöht. Wenn die Brust sehr spannt, streichen Sie ein wenig Milch aus, bis der schlimmste Druck weg ist. Dazu können Sie die Brust wärmen, z. B. mit einem Waschlappen oder unter der Dusche, und dann vom Brustansatz zur Brustwarze hin ausstreichen (ein wenig wie beim Melken …). Wenn das nicht reicht, kann eine kleine Tasse Salbeitee Wunder wirken – aber bitte nicht mehr als eine Tasse am Tag, da die Milch sonst zu wenig werden könnte.

Das Baby hat Probleme beim Trinken, weil die Brüste zu Beginn der Mahlzeit so voll sind? Nehmen Sie Ihr Baby auf den Bauch, während Sie auf dem Rücken liegen, und lassen Sie es dann trinken. So saugt es gegen die Schwerkraft und die Milch spritzt nicht so stark heraus. Außerdem können Sie vor dem Stillen ein wenig Milch ausstreichen (gegebenenfalls vorher die Brust wärmen).

Sie haben das Gefühl, Ihr Baby wird nicht satt? Einige Babys praktizieren anfangs immer wieder „Cluster-Feeding“, also Phasen, in denen sie ständig trinken. Das kann auch eine Art instinktiver Selbstschutz sein, weil durch häufige, kleinere Mengen der kleine Magen weniger belastet wird. Machen Sie es sich an diesen Tagen einfach auf dem Sofa bequem und lassen Sie Ihr Baby trinken. Achten Sie außerdem darauf, dass Ihr Baby lange genug an einer

Seite trinkt und nicht zu schnell wechselt, damit es nicht nur die durststillende Vormilch, sondern auch die sättigende Hintermilch erhält.

Grundsätzlich: Stillen Sie nach Bedarf. Nicht bei jedem Schreien haben Babys Hunger. Aber drei bis vier Stunden Abstand sind für einige Säuglinge einfach zu lang, weil die großen Mengen Milch ihren Magen überfordern. Gerade wenn Ihr Baby also viel schreit, versuchen Sie mal, ob es mit kürzeren Abständen besser zurechtkommt.

Ihr Baby dreht den Kopf weg? Versuchen Sie mal eine andere Position. Oder hat es vielleicht keinen Hunger? Ein häufiges Problem: Babys sind sehr geruchsempfindlich. Sie sollten sich also vor dem Stillen auf keinen Fall eincremen, Parfüm oder Haarspray auftragen und generell sehr zurückhaltend mit Deo, Parfüm und anderen geruchsintensiven Substanzen sein. Babys sehen anfangs schlecht und orientieren sich stark durch ihren Geruchssinn. Wenn dann die Eltern plötzlich anders riechen, bedeutet das für das Baby eine große Verunsicherung!

Wunde Brustwarzen? Überprüfen Sie, am besten mit einer Hebamme oder Stillberaterin, ob Ihre Anlegetechnik richtig ist. Ihr Baby sollte die Brustwarze vollständig im Mund haben, bevor es saugt. Außerdem helfen Cremes mit Lanolin. Luft fördert zusätzlich die Heilung, sodass Sie nach Möglichkeit (z. B. zu Hause, wenn kein Besuch da ist) ruhig auch mal „oben ohne“ herumlaufen sollten. Um die Reibung am BH zu verringern, sind Milchauffangschalen nützlich, die auch vor Auslaufen schützen. Besonders wohltuend sind Zinnhütchen, die die Schmerzen und Wunden lindern. Stilleinlagen aus Seide und/oder Wolle sind meist hautfreundlicher als Wegwerf-Stilleinlagen.

Nicht jede Hebamme verfügt über Expertenwissen zum Stillen. Kostenlose, kompetente Stillberatung bieten die Vereine La Leche Liga (www.lalecheliga.de) und AFS Stillen (www.afs-stillen.de).

Obwohl Sie Ihr Kind durch die Muttermilch mit vielen wertvollen Vitaminen versorgen, halten wir die zusätzliche Gabe von Vitamin D für sinnvoll. Unser Leben spielt sich einfach deutlich weniger draußen ab als zu Beginn der Menschheit, weswegen wir nicht genügend Tageslicht erhalten. Inzwischen ist nachgewiesen, dass viele Menschen an einem Vitamin-D-Mangel leiden.

Dabei empfehlen wir Ihnen aber, reine Vigantoletten oder, falls Ihr Baby Bauchweh hat, nach Rücksprache mit dem Arzt Vigantol-Öl zu geben und keine Kombinationspräparate mit Fluor. Es reicht, die ersten Zähnchen mit einer fluoridhaltigen Zahnpasta zu putzen.

Wie Männer das Stillen fördern können

Für viele Frauen ist der Start in die Stillzeit etwas holprig und manchmal auch schmerzhaft. Deshalb ein Wort an die Männer: Unterstützen und ermutigen Sie Ihre Frau, nicht gleich aufzugeben. Sagen Sie ihr, wie stolz Sie sind, dass sie Ihr Kind mit so wertvoller Nahrung versorgt. Kümmern Sie sich um das leibliche Wohl Ihrer Frau, denn sie hat nun einen deutlich erhöhten Kalorienbedarf. Bieten Sie ihr zwischendurch und beim Stillen Getränke und Snacks an. Verwöhnen Sie sie mit Leckereien, zum Beispiel:

Hafer-Energie-Kugeln

1 kg Haferflocken

250 g Butter

100 g Cashewmus (im Reformhaus erhältlich)

150 g Honig

100 g Datteln (im Mixer zerkleinert), alternativ etwas mehr Honig oder Apfelmus

1 Tasse gehackte Mandeln

Haferflocken in einer Pfanne rösten, bis sie leicht braun sind, und dann mit dem Rest vermischen, kleine Kugeln formen und im Kühlschrank aufbewahren.

Geschrei ohne Ende: Warum weint unser Kind so viel?

Einige Babys schreien außergewöhnlich viel und sind dabei kaum zu beruhigen. Die meisten Babys beginnen im Alter von wenigen Wochen mehr zu schreien, wobei der Höhepunkt des Schreiens statistisch im Alter von sechs Wochen liegt. Bei den meisten Babys wird das Schreien aber bis zum Ende des dritten Lebensmonats immer weniger.

Früher erklärte man sich dieses Verhalten mit den sogenannten „Dreimonatskoliken", also Bauchschmerzen und Blähungen. Heute nehmen die meisten Fachleute an, dass das eher selten die Hauptursache ist. Vielmehr entstehen die Blähungen oft dadurch, dass beim Schreien viel Luft verschluckt wird.

Eine Studie aus den USA zeigt allerdings, dass die Darmflora von Schreibabys Besonderheiten aufweist.[14] Tatsächlich helfen einigen

14. https://www.ncbi.nlm.nih.gov/pubmed/19628216

Babys spezielle probiotische Mittel, welche die Darmflora unterstützen, z. B. BiGaia-Tropfen.[15]

Wenn Verdauungsprobleme eine Rolle spielen – viele Schreibabys scheinen auch an Schmerzen zu leiden –, kann auch das westliche Fütterverhalten relevant sein: Während in vielen Naturvölkern Säuglinge in sehr kleinen Abständen (stündlich oder noch öfter) gestillt werden, wird hierzulande oft geraten, Babys nur alle drei bis vier Stunden zu füttern.

Das kann für die Verdauung durchaus problematisch sein: Durch die langen Abstände zwischen den Mahlzeiten müssen unsere Säuglinge große Mengen zu sich nehmen, die ihren kleinen Magen überfordern. So wird auch Erwachsenen, die ihren Magen schonen wollen, geraten, eher viele kleinere als wenige große Mahlzeiten zu sich zu nehmen.

Statt von Dreimonatskoliken spricht die Fachwelt heute eher von „Regulationsstörungen“: Einige Babys sind besonders wach und aktiv und schaffen es nicht „abzuschalten“. Das führt dazu, dass sie überreizt sind, was sich früher oder später durch lautes Geschrei äußert.

Viele Schreibabys sind später auch hochsensibel, in der Regel aber auch besonders wissbegierige, kluge Kinder. Besonders für diese Babys sind häufige, zuverlässige Ruhepausen wichtig. Babys unter vier Monaten sind oft schon nach ein bis anderthalb Stunden Wachzeit müde und brauchen ein Nickerchen.

Auch Stressfaktoren während der Schwangerschaft und der Geburt können zu Schreiproblemen führen. Medikamente, z. B. Wehenhemmer, und häufige Ultraschalluntersuchungen oder CTG-Kontrollen können für kleine Bauchbewohner Stress bedeuten. Psychische Belastungen der Mutter wirken sich durch die Ausschüttung von Stresshormonen ebenfalls auf das ungeborene Baby aus.

---

15. http://www.pharma-zeitung.de/biogaia-vorbeugung-gegen-kolik-bei-gesunden-saugli.6256.php

Eine anstrengende, sehr lange oder schmerzhafte Geburt hinterlässt ebenfalls Spuren bei Mutter und Kind. Um ein solches Erlebnis zu verarbeiten, braucht es gute Begleitung: Traumatherapie oder -beratung, Körpertherapie wie Emotionelle Erste Hilfe und gegebenenfalls auch eine Eltern-Kind-Psychotherapie können in diesem Fall sehr heilsam sein.

Übrigens: Lassen Sie sich bloß nicht einreden, Sie als Eltern seien schuld, weil Sie Ihr Baby angeblich „verwöhnen". Im ersten Lebensjahr ist das absolut unmöglich!

Natürlich können sich im Laufe der Zeit ungünstige Gewohnheiten entwickeln. Deshalb sollte man beispielsweise ab einem Alter von drei bis vier Monaten versuchen, dem Baby nach und nach eigenständigeres Einschlafen beizubringen, indem es nicht jedes Mal an der Brust einschläft (mehr dazu in Kapitel 6: „Erstes Lebensjahr").

Doch in den ersten Lebenswochen spielt auch das überhaupt keine Rolle. Wenn ein Baby Körpernähe einfordert, dann ist das ein natürliches Bedürfnis – und hat mit Verwöhnen überhaupt nichts zu tun.

Was bei Schreiproblemen hilft: die TROST-Methode

Wie bereits erwähnt, hat auch unser Sohn Lias extrem viel geschrien. Wir suchten natürlich nach Rat, fanden jedoch wenig Hilfe. Die meisten Fachleute wussten selbst nicht recht weiter oder gaben uns fragwürdige Tipps. Als wir unseren Sohn mit sechs Monaten nicht allein in seinem Bett schreien lassen wollten, hieß es in der Schreiambulanz nur: „Tja, dann ist der Leidensdruck wohl nicht hoch genug."

Unglaublich, oder? Natürlich ist der Leidensdruck hoch, wenn das Baby stundenlang schreit und alle anderthalb Stunden wach wird. Der Leidensdruck ist riesig! Aber noch größer war unsere Liebe zu unserem Sohn.

Deshalb befassten wir uns sehr viel mit dem Thema „Schrei- und Schlafprobleme bei Babys". Melanie, die Erziehungswissenschaft studiert hat, wälzte unendlich viele Fachbücher, las Studie um Studie, kontaktierte renommierte Fachleute, nahm an einer Fortbildung teil, und wir probierten einiges aus.

Seit 2015 berät Melanie selbst Eltern von Babys und Kleinkindern mit Schrei- und Schlafproblemen, vor Ort, aber auch online und telefonisch bundesweit und sogar darüber hinaus (www.neuewege.me).

Für den Umgang mit Schreiproblemen hat sie eine Methode entwickelt, die wichtige Strategien und Verhaltensweisen zusammenfasst, die TROST-Methode. TROST ist ein Akronym, das heißt, jeder Buchstabe des Namens steht für einen Begriff:

Hal**T** geben
Reizreduktion
L**O**slassen
Au**S**zeit
En**T**spannungshilfen

1. Der BASIS-Check

Am Anfang steht ein Basis-Check auf typische Gründe für das Schreien:

Nasse Windel? Wunder Po? Gegen einen wunden Windelbereich helfen Zinksalbe und Heilwolle.

Hunger? Sie sollten nicht bei jedem Schreien sofort stillen, aber Stillen nach Bedarf ist empfehlenswert, da durch Wachstumsschübe und andere Einflüsse der Nahrungsbedarf immer wieder schwankt. Einem Schreibaby können kürzere Abstände zwischen den Mahlzeiten helfen, weil der Magen dann nicht durch große Mengen auf einmal belastet wird.

Schmerzen? Körperliche Ursachen ausschließen, z. B. Mittelohrentzündung, osteopathische Probleme, Magenschmerzen (gegebenenfalls babygerechte Probiotika einsetzen, um die Darmflora zu stabilisieren, z. B. BioGaia); Allergien und Unverträglichkeiten (z. B. Laktoseintoleranz) überprüfen lassen.

Temperatur – ist es zu kalt oder zu warm? (Schwitzen fühlt man vor allem im Nacken; kalte Hände sind normal, aber kalte Füße sollten gewärmt werden.)

Langeweile? Babys müssen nicht ständig bespaßt werden und können nach und nach lernen, sich selbst zu beschäftigen. Das klappt aber in den ersten Monaten meist nur sehr kurz.

Müdigkeit? Gerade kleine Babys sollten nicht länger als ein bis zwei Stunden am Stück wach sein. Achten Sie auf Müdigkeitsanzeichen, z. B. Augen reiben, gähnen, Baby dreht den Kopf weg, schaut starr, quengelt, weint.

2. Die TROST-Methode
Auf diesem Basis-Check baut nun die TROST-Methode auf:

HalT geben:
Babys brauchen Nähe, um sich geborgen und sicher zu fühlen. Das bedeutet:

Viel tragen (nicht nur, wenn das Baby weint) und kuscheln

Wenn möglich, sollte das Baby im Elternzimmer schlafen (z. B. in einem Beistellbettchen).

Feste Bezugspersonen (kein ständiger Wechsel, behutsame und langsame Gewöhnung an neue Betreuerinnen)

Bindung fördern – falls dies z. B. direkt nach der Geburt schwierig war, eine Eltern-Kind-Therapie in Anspruch nehmen, um die Bindung zu verbessern

Pucken (strammes Einwickeln in eine Decke oder einen speziellen Pucksack) kann dem Baby helfen, sich zu beruhigen. Ein Baby sollte aber nicht Tag und Nacht gepuckt werden, damit es sich auch bewegen kann und Hautkontakt zu den Eltern möglich ist. Ein guter Kompromiss zwischen Schlafsack und Puckdecke können Einschlagdecken sein, die nicht ganz so eng sind, aber doch eine begrenzende Hülle bieten.

Eltern sollten auch selbst Halt bekommen – z. B. durch Gespräche mit vertrauten Personen, denen sie ehrlich ihre Gefühle anvertrauen, oder durch professionelle Beratung bzw. Therapie.

Reizreduktion:
Schrei- und Schlafprobleme sind oft ein Anzeichen für Überreizung. Daher:

Nicht zu viele Termine oder zu viel Besuch

Regelmäßige Schlafphasen – Wachzeiten sollten nicht zu lange sein (siehe Basis-Check: Müdigkeit)

Nicht zu viel oder zu lautes/grelles Spielzeug

Keine ständige Beschallung mit Musik/TV. Babys sollten nicht fernsehen, auch keine Kindersendungen. Kurze Kindervideos von ca. fünf Minuten sind frühestens ab zwei Jahren geeignet

Dunkelheit beim Schlafen (nach den ersten Lebenswochen auch tagsüber, und wenn Ihr Baby sonst nicht zur Ruhe findet, auch schon früher)

Ruhephasen einbauen: nicht ununterbrochen mit dem Baby spielen oder reden, auch mal nur da sein und das Baby in Ruhe beobachten oder ausruhen lassen

LOslassen:
Wenn keine Gründe für das Schreien eines Babys gefunden werden können, braucht es das Schreien womöglich einfach als Ventil. Auch Babys erleben Belastungen, Stress und Anspannung – zum Beispiel im Rahmen der Geburt, durch neue Situationen im Alltag, Entwicklungssprünge, Wachstumsschmerzen o. Ä.

Manchmal müssen Babys einfach schreien, um den Stress herauszulassen und Ihnen davon zu erzählen. Säuglinge können ihren Gefühlen noch nicht durch Worte Luft machen wie wir.

Deshalb: Wenn Sie mögliche konkrete Auslöser wie Hunger, nasse Windel, Schmerzen, Kälte oder Hitze ausgeschlossen haben, versuchen Sie das Weinen zuzulassen. Halten Sie Ihr Baby im Arm und reden Sie zwischendurch ruhig mit ihm: „Ja, es ist gut, dass du mir das erzählst. Das hört sich wirklich stressig an. Es ist nicht immer einfach, was? Ich bin bei dir. Lass es ruhig heraus."

Versuchen Sie, das Weinen nicht als Problem zu sehen, sondern als Vertrauensbeweis Ihres Kindes – es fühlt sich bei Ihnen so wohl, dass es sich traut, alle Spannungen abzuladen und Ihnen davon zu „erzählen".

AuSzeit:

Eltern brauchen auch „kindfreie" Zeiten, um sich zu erholen. Das ist nicht egoistisch, sondern völlig natürlich und sogar notwendig, um weiter ausgeglichene Eltern sein zu können. Selbst wenn Sie sich noch so sehr zusammenreißen – Babys spüren genau, wenn die Eltern überlastet und angespannt sind, und das stresst auch sie.

Deshalb organisieren Sie sich Auszeiten – auch Ihrem Baby zuliebe! Bitten Sie Verwandte oder Freunde, das Baby regelmäßig zu betreuen, oder wenden Sie sich an Ehrenamtlichen-Projekte, z. B. „wellcome" oder „Familienpaten".

Und wechseln Sie sich mit Ihrem Partner ab. Wenn z. B. der Vater unter der Woche arbeitet und die Hauptverantwortung für die Betreuung bei der Frau liegt, sollte sich der Vater am Wochenende verstärkt um das Kind kümmern. Sobald Sie während einer Schreiphase merken, dass Sie wütend und aggressiv werden, legen Sie Ihr Baby vorsichtig an einem sicheren Ort ab und gönnen Sie sich eine Minute zum Durchatmen. Essen oder trinken Sie etwas und versuchen Sie ein wenig zur Ruhe zu kommen.

EnTspannungshilfen:

Babys sind Experten für Körpersprache. Das Stresslevel von Mutter und Vater beeinflusst also das Wohlbefinden des Babys.

Deshalb: Finden Sie Wege, sich zu entspannen – in Ruhepausen, aber auch während Ihr Baby schreit. Das klingt verrückt, ist aber – in einem gewissen Maß – möglich, beispielsweise durch Bauchatmung und andere Atemtechniken, autogenes Training, Musik über Kopfhörer oder Visualisierungen (z. B. die Vorstellung eines „sicheren Ortes", an dem Sie sich ganz wohlfühlen).

Außerdem helfen Ohrstöpsel oder ein Gehörschutz, das schrille Schreien ein wenig erträglicher zu machen (während Sie Ihr Kind im Arm halten und es trösten).

Auch für Babys existieren sanfte Entspannungshilfen. Nach Absprache mit dem Kinderarzt und genauer Beachtung der Packungsbeilage sind manche unterstützenden Mittel hilfreich:

Weißes Rauschen (beruhigende Geräusche wie Regen, Föngeräusche, z. B. bei youtube)

Bei Luft im Bauch: Simethicon, z. B. Lefax Pump Liquid für Babys, anfangs zu jeder Milchmahlzeit (nach ca. 10 bis 14 Tagen kann versucht werden, die Dosis zu reduzieren)

Bei Verstopfung, Blähungen oder sonstigen Verdauungsproblemen: BiGaia (Probiotika für die Darmflora) oder Carum Carvi Kümmelzäpfchen

Calmedoron-Streukügelchen von Weleda bei Schlafproblemen (homöopathisch)

Bryophyllum 50 % Pulver (pflanzlich) gegen Unruhezustände

Schlafen in Seitenlage (z. B. mit Keilkissen/Stützkissen), da der Moro-Reflex (das Zucken, als würde das Baby fallen) so nicht ausgelöst wird. Um den plötzlichen Kindstod zu verhindern, wird eigentlich die Rückenlage empfohlen. Wenn Ihr Baby auf dem Rücken aber absolut nicht schlafen kann und auch der Pucksack nicht hilft, kann die Seitenlage ein guter Kompromiss sein. Sie sollten dann aber unbedingt durch ein spezielles Keilkissen für Babys bzw. Stützkissen verhindern, dass Ihr Kind auf den Bauch rollt. Auch sollten Sie immer mal wieder probieren, ob die Rückenlage mit der Zeit doch funktioniert.

Saugen, z. B. mit dem Schnuller (möglichst nicht zu früh und anfangs nicht zu oft, um eine Saugverwirrung beim Stillen zu vermeiden)

So anstrengend diese Phase auch ist: Oft sind die Schreiprobleme nach drei, spätestens vier Monaten einfach verschwunden, und aus dem kleinen Schreihals wird ein echter Sonnenschein. Machen Sie sich immer wieder bewusst, dass diese Zeit bald vorübergeht.

Fragen an uns:
Wie haben wir die Geburt erlebt – einzeln und als Paar? Was war schön, was eher belastend oder sogar sehr schlimm?
Wie waren die ersten Tage mit dem Baby?
Wie erleben wir zurzeit den anderen als Partner? Was hat sich in der Paarbeziehung geändert?
Was finde ich momentan positiv und was eher herausfordernd an der neuen Lebensphase?
Worauf möchten wir achten, um uns als Paar nicht aus den Augen zu verlieren?

Zum Schmökern und Informieren:

- Loretta Stern & Anja Constance Gaca: Das Wochenbett. Alles über diesen wunderschönen Ausnahmezustand, Kösel 2016
- Ulrike Schrimpf: Wie kann ich dich halten, wenn ich selbst zerbreche? Meine postpartale Depression und der Weg zurück ins Leben, Südwest 2013
- Hannah Lothrop: Das Stillbuch, Kösel 2016
- Tanja Sahib: Es ist vorbei – ich weiß es nur noch nicht. Bewältigung traumatischer Geburtserfahrungen, Books on Demand 2016
- www.schreibabys.net
- www.trostreich.de
- www.wellcome-online.de

Gebet:

„Vater im Himmel, wir danken dir für dieses Geschenk, das du uns mit unserem Kind gemacht hast. Du bist die ganze Zeit nah bei uns und warst es auch während der Entbindung. Bitte segne uns nun in diesen ersten Wochen als Familie. Schenk uns emotionale und körperliche Kraft. Erfüll uns mit Liebe füreinander, und hilf uns, gut in unsere neue Rolle als Eltern zu finden. Amen."

Erstes Lebensjahr – Augenringe und Entzücken

So liefs bei Brittany und Casey:

Durch die Geburt unserer Tochter hat sich in unserer Beziehung vieles geändert und dennoch konnten wir unsere positive, humorvolle Umgangsweise miteinander aufrechterhalten.

Eine Veränderung ist definitiv, dass wir weniger Zeit für uns selbst haben, und das hat großen Einfluss auf die Beziehung. Deshalb bitten wir regelmäßig unsere Eltern, auf unsere Kleine aufzupassen, sodass wir mal ausgehen und unsere Ehe weiter zur Top-Priorität machen können. Denn wenn es in unserer Ehe nicht gut läuft, wird das unsere Tochter negativ prägen. Wir geben uns große Mühe, miteinander im Austausch zu bleiben, um zu verstehen, wie der andere sich fühlt. Wir versuchen regelmäßig gut zu kommunizieren und es ehrlich zu sagen, wenn wir frustriert sind oder einfach Hilfe oder eine Pause brauchen.

Liebe im Ausnahmezustand: Meine Bedürfnisse, deine Bedürfnisse

Für viele Paare bedeutet das erste Jahr mit Kind eine Art Ausnahmezustand, weil in kaum einer anderen Lebensphase so viele Veränderungen auf einmal geschehen: Plötzlich trägt man die Verantwortung für ein kleines, hilfloses Lebewesen, man bekommt zu wenig Schlaf, muss ständig Termine absagen, weil das Baby gerade eingeschlafen oder krank ist, hat ständig Milch- oder Sabberflecken auf der Kleidung, bekommt kulturell und politisch kaum noch etwas mit und hat nur noch wenig Zeit für Freizeit und Freunde – und natürlich auch für die Partnerschaft! Einige Eltern sind mit einem sehr entspannten, äußerst pflegeleichten Kind gesegnet, und dann mag es sein, dass sie die Veränderungen als nicht ganz so extrem empfinden wie andere. Sollte das bei Ihnen der Fall sein, tappen Sie bitte nicht in die Falle, sich selbstgefällig auf die Schulter zu klopfen und zu denken: Das ist doch alles eine Sache der Erziehung und die anderen Eltern machen sicher etwas falsch, wenn deren Babys so schwierig sind.

Freunden von uns ist genau das passiert – und als dann das zweite Kind, ein unheimlich süßes, aber ziemlich anstrengendes Mädchen, auf die Welt kam, wurden sie schnell eines Besseren belehrt.

Wie schon im vorigen Kapitel erwähnt, möchten wir Eltern von sensiblen, eher schwierigen Babys ans Herz legen: Lassen Sie sich bloß nicht einreden, Sie würden das Kind „verwöhnen"! Kinder kommen mit bestimmten Anlagen und Temperamenten zur Welt – so ist es einfach. Und als kleiner Trost am Rande: Sensible Babys sind später oft sehr kluge, aufmerksame und kreative Kinder.

Die vielen Veränderungen im ersten Jahr mit Kind bedeuten für die Paarbeziehung eine große Herausforderung. Sie als Eltern haben deutlich weniger Zeit und Energie für eigene Bedürfnisse und ebenso für die Bedürfnisse Ihres Partners. Wenn diese Überforderung zu lange anhält, kann das Gefühl entstehen, dass man zu kurz kommt.

Daraus entwickelt sich schnell ein Kampf um die nun so knappe Ressource „Zeit“: Wer opfert mehr? Die Frau empfindet vielleicht Neid auf den Mann, der schon wieder mit seinen Freunden ausgeht, während sie wegen des Stillens ständig zu Hause ist.

Einige Paare beginnen gegenseitig ihre Leistungen aufzurechnen – wer macht wie viel? Wer hat was verdient? Es kommt zu einem „Wettstreit um Bedürfnisse“: Das Streben nach dem gemeinsamen Wohlergehen wird überschattet von einem egoistischen Tauziehen: „Ich bin dran!“ „Nein, ich!“

Nicht immer verläuft dieser Kampf offen – so stecken Frauen oft lange Zeit klaglos zurück, ohne sich offen zu beschweren. Gleichzeitig verbittern sie aber und entfremden sich emotional von ihrem Partner.

Doch letztlich gilt auch hier die Wahrheit: „Wenn nur einer gewinnt, verlieren beide.“ Wenn einer ständig zurücksteckt, wirkt sich seine Unzufriedenheit früher oder später auf die Paarbeziehung und die gesamte Familie aus.

Das Familien-Balance-Modell verdeutlicht diesen Zusammenhang sehr gut: Wenn *ein* Familienmitglied seine Bedürfnisse zu häufig ignoriert und sich nicht genügend wertgeschätzt fühlt, schadet das der gesamten Familie.

Es gilt also, die Bedürfnisse und Wünsche beider Partner ernst zu nehmen, offen zu kommunizieren und zu überlegen, wie sich diese mit dem neuen Alltag in Einklang bringen lassen. Dabei geht es, wie so oft, um einen gesunden Mittelweg: Natürlich lässt sich mit Kind das alte Leben nicht einfach weiterführen wie bisher. Beide Elternteile müssen Abstriche machen.

Gleichwohl sollten beide noch ein ausreichendes Maß an Freiraum genießen können. Zeigen Sie Ihrem Partner, dass Ihnen sein Wohlergehen am Herzen liegt – dann wird er weniger für seine Bedürfnisse „kämpfen" müssen und kann auch Ihre Wünsche besser berücksichtigen.

Zeit für uns?

In der ersten Zeit mit einem Baby kann es für die beiden Partner sehr schwierig sein, sich regelmäßig ganz bewusst einander zu widmen. Das Leben mit einem Baby kostet viel Energie – Schreiphasen, kurze Nächte, ein völlig neuer Alltag, vielleicht auch Unsicherheit mit Blick auf die Pflege oder die Gesundheit des Kindes.

Nach einem so kräftezehrenden Tag kostet es Überwindung, sich abends noch Zeit zu nehmen, um bewusst Zweisamkeit zu ermöglichen.

Versuchen Sie jedoch Paarzeiten nicht als zusätzliche Pflicht, sondern vielmehr als Oase, als angenehme Auszeit zu betrachten – und auch so zu gestalten.

Schaffen Sie Orte der Ein- und Zweisamkeit: Zeit für sich selbst und zu zweit. Das muss nicht viel sein, aber beides ist unverzichtbar. Natürlich gilt es – im Bild des Familien-Balance-Modells gesprochen – zu akzeptieren, dass in dieser Lebensphase keine vollkommene Balance möglich ist, da ein Baby einfach sehr viel Zuwendung und Pflege braucht und Energie kostet.

Es ist normal, dass Eltern in den ersten Lebensjahren ihrer Kinder weniger Zeit für sich selbst und für die Beziehungspflege haben. Aber es werden auch wieder andere Zeiten kommen. Punkt.

Dennoch ist es wichtig, dass kein zu starkes Ungleichgewicht entsteht. Denn Eltern, die alles für ihr Kind opfern und irgendwann völlig ausgebrannt sind, bedeuten für das Kind letztendlich eher eine Belastung. Schon Babys spüren die versteckte Anspannung und Unzufriedenheit, deshalb ist es auch für ihr Wohlbefinden wichtig, dass Mama und Papa mal entspannen können.

Versuchen Sie daher, zumindest einen Abend pro Woche für sich als Paar frei zu halten und gemütlich miteinander zu verbringen – mit Gesprächen, gutem Essen, Spielen, einem Theaterbesuch o. Ä.

Diese Zeit zu zweit kann auch vor dem Fernseher stattfinden, aber Sie sollten davor oder danach auch Zeit für ein Gespräch einplanen. Inzwischen gibt es sogar einen „Ehe-Sofa-Kurs", durch den Paare ganz bequem vom Wohnzimmer aus per DVD ihre Beziehung mit amüsanten Sketchen, wertvollen Inputs und Gesprächen pflegen können.[16]

Wenn Sie sehr unterschiedliche Vorstellungen von einem schönen Abend zu zweit haben, kann es eine gute Lösung sein, dass Sie sich abwechseln: Jeder von Ihnen darf einmal das Programm bestimmen – natürlich möglichst mit Rücksichtnahme auf den anderen.

Einige Paarberater meinen, das Kind sollte in solchen Paarzeiten ein Tabuthema sein, damit sich die beiden Partner ganz aufeinander konzentrieren. Das halten wir für unsinnig – wenn beide Elternteile gerade voller Stolz, Zuneigung oder auch Frust und Ratlosigkeit bezogen auf das Kind sind, wäre es unnatürlich, nicht darüber zu sprechen.

Wichtig ist, dass in diesen Zeiten beide Partner das äußern können, was sie beschäftigt. Seien Sie also sensibel für die Themen Ihres Partners und achten Sie darauf, dass die Anliegen von Ihnen *beiden* Raum und Aufmerksamkeit erhalten.

Machen Sie sich bewusst, dass Sie sich in dieser neuen Lebensphase auch als Paar neu finden müssen und dass Schwierigkeiten

16. „Wir beide – der Kurs": 7 Sofa-Abende für Paare, siehe https://bundes-verlag.net/aktion/family-ehekurs/

dabei ganz normal sind. Versuchen Sie, dieser Herausforderung mit Humor und Fehlerfreundlichkeit zu begegnen. Üben Sie ein wenig Nachsicht miteinander – Sie erleben beide gerade viele Veränderungen, und das ist nicht immer einfach.

Manchmal hilft die Perspektive auf die Zukunft: Stellen Sie sich vor, wie Sie als älteres Ehepaar miteinander verreisen und Händchen haltend an diese stressige Zeit als junge Eltern zurückdenken. Eine solche Vorstellung kann es Ihnen erleichtern, die Begrenztheit dieser herausfordernden Zeit im Blick zu behalten und sich klarzumachen, dass es sich lohnt, trotz Müdigkeit und Stress weiter in die Beziehung zu investieren.

Unsere Freundin Elina berichtet über ihre Erfahrungen folgendermaßen:

Wir genießen unsere Zweisamkeit intensiver und bewusster, wenn es sich spontan ergibt (das heißt: wenn der Kleine mal endlich schläft). Wir reden viel miteinander und versuchen, uns stets gegenseitig unsere Gefühle und Bedürfnisse mitzuteilen. Zärtlichkeiten bauen wir mehr in den Alltagswahnsinn ein. Vor allem aber hilft uns der Gedanke, dass alles einmal vorübergeht und die Belastung nur temporär ist.

Wir müssen dazu sagen, dass es für uns nicht so schlimm ist, dass wir gerade sehr wenig Zeit für uns haben. Wir nehmen das gerne in Kauf für unser Baby. Alles geht vorbei und bis dahin genießen wir jede freie Minute zu zweit mit Kuscheln und lecker essen auf der Couch.

Empfehlenswert ist ein Mix aus kurzen und längeren Paarzeiten: Solange das Baby noch sehr klein ist, kann es schwierig sein, abends auszugehen. Sobald aber die Essenszeiten Ihres Kindes einigermaßen planbar sind und/oder es auch mal eine Flasche akzeptiert, können Sie sich um einen Babysitter bemühen. Das sollte aber definitiv jemand sein, den Ihr Baby gut kennt, damit es nicht erschrickt, wenn es aufwacht.

Wenn Ihr Baby abends niemanden außer Mama und Papa akzeptiert, suchen Sie nach Alternativen: Vielleicht können Sie am Wochenende mal als Paar ein schönes Frühstück in einem Café genießen oder eine kleine Wanderung machen oder gemeinsam schwimmen gehen, während eine Vertrauensperson aufpasst?

Falls es in Ihrem Bekannten- und Verwandtenkreis gerade niemand Passenden gibt, informieren Sie sich doch mal über Ehrenamtlichen-Projekte wie „wellcome“ und „Familienpaten“. Geschulte Ehrenamtliche passen dann regelmäßig auf Ihr Kind auf – eine tolle Erfindung, denn Eltern brauchen Auszeiten!

Gleichzeitig ist es gut, wenn Sie schon früh beginnen, auch größere Unternehmungen zu planen. Uns hat, als Lias sehr viel geschrien hat, die Aussicht auf einen Kurzurlaub zu zweit nach Abschluss der Stillzeit sehr ermutigt.

Wir wussten zwar, dass es noch eine Weile dauern würde, haben aber schon einmal begonnen zu träumen und auch konkret zu planen: Wir haben überlegt, wohin wir gern fahren würden, nach Hotels geschaut, mit den Großeltern (die während des Urlaubs auf Lias aufpassen sollten) darüber gesprochen … Das hilft, sich immer wieder vor Augen zu führen: Diese anstrengende Zeit ist nur eine vorübergehende Phase und: Wir beide, wir haben noch einiges miteinander vor!

Phasenweise haben wir uns zwischendurch immer wieder kleine Mails oder Textnachrichten geschickt – das hält die Liebe im Alltag frisch.

Im Alltag die richtigen Prioritäten setzen

Es ist hilfreich, seinen täglichen Rhythmus den neuen Gegebenheiten anzupassen. Wenn Sie bisher abends aufgeräumt und geputzt haben, dann versuchen Sie doch nun, möglichst viel davon schon tagsüber zu schaffen.

So haben Sie abends mehr Zeit für sich selbst und Ihren Partner – und können früher ins Bett gehen, um genügend Schlaf zu bekommen. Denn Schlafmangel tut Ihrer Beziehung auf Dauer nicht gut.

Apropos Haushalt: Lassen Sie mal was liegen! Lösen Sie sich vom Perfektionismus. Wenn die Zeit so begrenzt ist wie im ersten Jahr mit Kind, ist es wichtig, Prioritäten zu setzen. Es gibt viele Aspekte, um die Sie sich kümmern müssen, zum Beispiel:

Kind
Paarbeziehung
Job
Freundschaften
Freizeit
Haushalt

Den Haushalt haben wir bewusst an die letzte Stelle gesetzt. Ja, ein gewisser Mindeststandard an Sauberkeit ist wichtig. Aber ganz ehrlich: Überlegen Sie mal, welche Konsequenzen es hat, wenn Sie die anderen Bereiche vernachlässigen!

Dass ein Kind nicht vernachlässigt werden darf, ist glücklicherweise den meisten Eltern klar. Ebenso wichtig ist die Gesundheit der Paarbeziehung, weil sie die tragende Säule der Familie ist und sich zudem ganz stark auf das Wohlbefinden des Kindes auswirkt.

Und klar, die Brötchen müssen irgendwie verdient werden. Für viele hängt der Job auch mit der eigenen Selbstverwirklichung zusammen, deshalb ist auch dieser Bereich sehr bedeutsam.

Freundschaften leiden meistens im ersten Jahr mit Kind, weil die Zeit einfach knapper wird und oft auch weniger gemeinsame Gesprächsthemen da sind, wenn die Freunde noch keine Kinder haben. Dennoch wäre es fatal, Freundschaften nicht mehr zu pflegen oder sich keine Zeit zu nehmen, neue aufzubauen – soziale Isolation bedeutet ein großes Risiko für die Entstehung von Depressionen.

Was die Freizeit angeht, da mag es Graubereiche geben. Wenn der Mann zum Beispiel schon wieder sein neues Computerspiel spielen möchte, obwohl er es bereits gestern Abend ausprobiert hat und die Küche aussieht wie … nun ja, ziemlich schlimm aussieht, dann sollte das Computerspiel vielleicht noch eine Weile warten können.

Doch wenn es darum geht, entweder zweimal die Woche Sport zu treiben oder lieber Fenster zu putzen – dann würden wir definitiv dem Sport den Vorrang geben! Überlegen Sie daher gut, was im Haushalt *wann* wirklich nötig ist.

Der Boden sollte einigermaßen sauber sein, muss aber nicht glänzen. Durch die Fenster sollte man hindurchsehen können; sie dürfen aber auch mal Flecken und Streifen haben. Die Toilette sollte sauber sein, aber etwas Staub auf dem Badezimmerschrank – ganz ehrlich, wen interessierts? Wäsche kann man auch wunderbar vor dem Fernseher oder beim Abspielen eines Hörbuches zusammenlegen.

Machen Sie sich bewusst: Es geht nicht alles auf einmal. Und das Wohlergehen Ihres Kindes, ein intaktes Beziehungsleben, psychische Ausgeglichenheit und gute Freunde – all das ist so viel wichtiger als eine glänzende Küche!

Sex und der entspannte Umgang mit dem eigenen Körper

In einer Eltern-Baby-Gruppe, die ich (Melanie) besucht habe, wurde ich Zeugin folgenden Dialogs: Zwei Freundinnen, die gerade Mütter geworden waren, unterhielten sich über einen berühmt-berüchtigten, recht erotischen Roman.

Mutter A: „Lies das bloß nicht! Da fängst du an zu heulen, wenn du liest, was die Hauptperson alles erlebt … In unserer Situation wird man da nur neidisch."

Mutter B: „Na ja, aber vielleicht kommt man dadurch ja überhaupt mal wieder in Stimmung?"

Dieses kurze Gespräch wirft einen herrlich realistischen Blick auf das Sexleben in der ersten Zeit nach der Geburt eines Kindes. Der neue Erdenbürger ist da und alles ist anders – auch das Liebesspiel. Denn zunächst einmal gilt für die ersten Wochen nach der Geburt ohnehin ein Sexverbot.

Wenn dann das Intimleben wieder aufgenommen wird, sollte das sehr behutsam und vorsichtig geschehen. Viele Frauen sind in den ersten Monaten nach der Geburt noch recht empfindlich und so kann es sein, dass Geschlechtsverkehr anfangs mit Schmerzen verbunden ist. Manchmal helfen Gleitcremes.

Sollte dieses Problem nicht nach einigen Wochen verschwinden, ist ein Besuch bei der Gynäkologin ratsam. In seltenen Fällen werden Dammrisse oder -schnitte zu eng genäht, was dann korrigiert werden kann. Gelegentlich kann aber auch die Ursache darin liegen, dass die Geburt noch nicht genügend verarbeitet wurde.

Es gibt eine weitere Komponente, die das Intimleben beeinflusst: Viele Frauen fühlen sich nach der Geburt nicht sofort wieder wohl in ihrem Körper. Nicht immer purzeln die Kilos und viele sind unzufrieden mit ihrem Bauch – auch wenn Hebammen immer wieder darauf hinweisen: Neun Monate kommt der Bauch, neun Monate geht er. Und manchmal dauert es eben auch etwas länger.

Unsere Freundin Brittany hat das erlebt und uns erlaubt, ihren ehrlichen Bericht wiederzugeben:

Heute ging ich mal wieder zum Yoga (schon die zweite Woche in Folge!) und ich habe es geschafft, die „Krähe" zum ersten Mal seit der Schwangerschaft zu halten. Gut, ich konnte die Position echt nicht lange halten, aber immerhin, ich konnte es! Ich kann gar nicht beschreiben, wie glücklich mich das gemacht hat. Ich vermisse Yoga. Ich vermisse meinen Körper, wie er vor der Schwangerschaft war, und wie ich mich beim Yoga gefühlt habe.

Dieses Erlebnis hat mich ermutigt, und ich weiß, es liegt noch viel Arbeit vor mir, und ich sollte weniger Wein trinken und gesünder essen. Hoffentlich schaffe ich es, zu einem gesünderen „Ich" zurückzufinden!

Ich will gesund und fit sein und mich wohlfühlen und meiner Tochter beibringen, wie man gesund ist und seinen Körper liebt – egal welche Form oder Größe er hat. Das ist etwas, das mir schwerfällt, und es ist nicht einfach, sich nicht mit anderen zu vergleichen. Besonders wenn ich Mütter sehe, die offensichtlich so völlig problemlos ganz schnell wieder einen tollen Körper haben.

Als Mann sollten Sie Verständnis für die Unsicherheit Ihrer Frau zeigen und sie in ihrem Selbstwertgefühl bestärken. Sagen Sie ihr immer wieder, was Sie an ihr schön finden und bewundern und wie attraktiv Sie sie finden.

Den Frauen empfehlen wir, sich immer mal wieder etwas Gutes zu gönnen. Vielleicht hilft Ihnen ein neuer Haarschnitt oder ein tolles Kleidungsstück, sich wieder frischer und hübscher zu fühlen.

Bedenken Sie, was für eine unglaubliche Leistung Ihr Körper in der vergangenen Zeit vollbracht hat: Er hat ein Kind ernährt und auf die Welt gebracht. Ihr Körper hat neues Leben entstehen lassen – welch ein Wunder!

Seien Sie daher stolz und dankbar und geben Sie Ihrem Körper Zeit, sich zurückzubilden. Empfehlenswert ist auf jeden Fall ein Rückbildungskurs – wenn Ihr Baby gestillt wird und sehr unberechenbare Essensabstände hat, kann ein Kurs zusammen mit dem Baby eine Option sein. Wenn Sie es jedoch einrichten können, sind Kurse ohne Baby meist effektiver.

Wichtig ist, den Beckenboden auch nach dem Kurs weiterzutrainieren. Als besonders wirksam gilt die tiefe Hocke (mit den Fersen am Boden), weil dadurch Beckenboden, Gesäß und viele andere Muskeln sehr effektiv trainiert werden. Bauen Sie doch tiefe Kniebeugen in Ihr Training ein und versuchen Sie tagsüber immer mal wieder zu hocken.

Finden Sie heraus, wie Sie den inneren Schweinehund überlisten – durch Sport vor dem Fernseher, mit Musik oder Hörbuch oder gemeinsam mit anderen Leuten. Auch für die Zeit nach dem Rückbildungskurs existieren inzwischen viele Angebote wie „Fit mit Baby", „SuperMamaFitness", „Buggyfit" oder Kangatraining, bei welchem Sie mit Ihrem Baby gemeinsam trainieren.

Sollte Ihr Baby eher sensibel sein und von lauter Musik und vielen Leuten überfordert sein, können Sie auch einfach mit Ihrem Baby im Tragetuch walken gehen, vielleicht auch mit einer anderen Mutter, einer Freundin oder dem Partner. Außerdem gibt es DVDs für Fitness mit dem Baby, die Sie zu Hause einsetzen können.

Auf keinen Fall sollten Sie während der Stillzeit Diät halten. Sie können aber darauf achten, sich eiweißreich zu ernähren (bei genügend Kohlenhydraten!) und möglichst viel Bewegung in Ihren Alltag einzubauen. In aller Regel purzeln die Pfunde durch das Stillen recht gut, besonders wenn Sie mit Sport sanft nachhelfen.

Ansonsten gilt für das Liebesleben: Bleiben Sie locker! Es muss nicht immer das ganze Programm sein, auch ein Quickie kann sehr toll sein. Setzen Sie sich nicht unter Druck – dass Paare nach der Geburt eines Kindes seltener Sex haben, ist völlig normal. Weniger Energie, Zeit und dadurch auch weniger Gelegenheit für lustvolle Gefühle fordern einfach ihren Tribut.

Trotzdem sollten Sie aber darauf achten, dass sich Zeiten der Enthaltsamkeit nicht ohne wichtigen Grund endlos ausdehnen. Im vollen Baby-Alltag hat man nicht immer von vornherein Lust auf intime Begegnungen. Manchmal muss man sich auch förmlich dazu überwinden, weil man am liebsten einfach bewegungslos ins Bett fallen würde. Allerdings stellt man nach einer solchen bewussten Entscheidung meistens erstaunt fest, dass es ja doch ganz schön ist! Der Spruch „Der Hunger kommt mit dem Essen“ hat hier durchaus seine Berechtigung.

Also: Veränderungen im Intimleben dürfen Sie gelassen akzeptieren, dennoch sollten Sie auch diesen Aspekt der Beziehung weiter ernst nehmen und pflegen.

Wichtig ist, dass man miteinander verbunden bleibt – emotional und körperlich.

Wenn es in der Liebe kriselt

Dass die Paarbeziehung in Zeiten so großer Veränderung und meist sowohl emotionaler als auch körperlicher Belastung Tiefpunkte erfährt, ist nahezu unvermeidbar.

Wenn Sie also im ersten Lebensjahr Ihres Kindes (und auch später) den Eindruck haben, dass die Liebe zu Ihrem Partner erkaltet ist und dass Sie meilenweit voneinander entfernt sind, dann bedeutet das nicht, dass Sie sich „auseinandergelebt haben". Es bedeutet nicht, dass Ihre Liebe verloren ist.

Es bedeutet nur, dass das Leben zugeschlagen hat – das Leben mit all seiner Wucht. Das Eltern-Leben mit seinen kurzen Nächten, ständigen Infekten, Schrei- und Trotzanfällen, seiner Langeweile und seiner Hektik – eine Lebensphase, in welcher Menschen ihre Bedürfnisse häufig zurückstellen und ignorieren müssen und deshalb am Limit sind wie nie zuvor. Natürlich kann die Beziehung darunter ziemlich leiden. Und es kann passieren, dass zwei Partner sich voneinander entfernen – aber das ist in aller Regel nichts, das sich nicht beheben ließe, wenn beide bereit sind, füreinander zu kämpfen.

Wichtig ist: Lösen Sie sich von falschem Stolz, der Sie davon abhält, Hilfe anzunehmen. Wenn Sie merken, dass Sie als Paar in einer Situation nicht weiterkommen, dann scheuen Sie sich nicht, einen Termin in einer Familien- bzw. Eheberatungsstelle zu vereinbaren.

Es ist doch eigentlich verrückt: Wir lassen uns in allen Bereichen beraten – bei Geldanlagen, beim Hausbau, sogar wenn wir über eine neue Frisur nachdenken … Nur bei so einem wichtigen Thema wie unserer Liebesbeziehung sollte das unnötig sein?

Wenn zwei Menschen sich beraten lassen, bedeutet das nicht, dass sie allein nichts auf die Reihe kriegen. Nein, es bedeutet, dass sie der Realität ins Auge sehen: der Realität einer Scheidungsquote von über 40 Prozent, die zeigt, dass eine lebenslange Ehe eine hammerharte Herausforderung ist.

Sie beweisen dadurch vielmehr, dass sie ihre Ehe ernst nehmen und so klug sind zu wissen, dass Perspektiven von außen sehr hilfreich sein können. Denn jeder Mensch hat „blinde Flecken", weshalb Impulse von außen sehr nützliche neue Einsichten bringen können.

Was Ihr Kind in dieser Zeit braucht: Bindung und Bildung

Manche Eltern denken, sie würden ihrem Kind etwas Gutes tun, indem sie an möglichst vielen Eltern-Kind-Kursen teilnehmen. Ein bis maximal drei Kurse pro Woche können tatsächlich sinnvoll sein – auch um als Elternteil mal Austausch mit anderen Erwachsenen zu haben.

Achten Sie jedoch darauf, es nicht zu übertreiben. Manchen Babys ist der Lautstärkepegel mit so vielen anderen Säuglingen und Eltern in einem Raum einfach zu viel.

Außerdem sollten Sie versuchen, die Kurszeiten an die Schlafenszeiten Ihres Babys anzupassen. Wenn irgendwie möglich, sollten Sie Ihr Baby nicht absichtlich wecken, bevor es mindestens anderthalb Stunden geschlafen hat. Sonst stören Sie seine wichtige Erholungspause und bringen seinen Rhythmus durcheinander, was sich auch negativ auf den Nachtschlaf auswirken kann. Der Schlaf Ihres Babys sollte eine hohe Priorität haben.

Ihr Baby braucht keine Förderprogramme wie Englisch für Säuglinge oder musikalische Früherziehung. Es lernt von ganz allein, wenn es sich sicher und geborgen fühlt, genügend Ruhe findet und auch immer wieder ein paar Anregungen bekommt – beispielsweise durch ein Fingerspiel, ein Lied oder ein Baby-Buch.

„Bindung kommt vor Bildung", erklärt der Kinderarzt Karl Heinz Brisch, und das bedeutet, dass Babys und Kinder für eine gute Entwicklung in erster Linie feinfühlige, zuverlässige Bezugspersonen brauchen. Das müssen nicht immer zwingend die Eltern sein, denn auch die brauchen mal babyfreie Zeiten.

Doch bevor Sie jemanden mit Ihrem Kind allein lassen, sollten Sie es Ihrem Kind ermöglichen, Vertrauen zu dieser Person aufzubauen. Treffen Sie sich zunächst mehrmals gemeinsam mit dem

Kind mit dem Babysitter, sodass Ihr Kind die Person kennenlernen kann, während es sich durch Ihre Begleitung sicher fühlt.

Das Gleiche gilt für Tageseltern oder Krippen: Behutsame, langsame Eingewöhnung ist unverzichtbar! In Kapitel 7 werden wir darauf noch näher eingehen (siehe „Eine kleine neue Welt – Eingewöhnung bei Tageseltern oder in der Kita“).

Eine tolle Erfindung, wenn sie ohne Leistungsdruck genutzt wird, ist die „Zwergensprache“. Dabei lernen Babys ab ca. einem halben Jahr spielerisch Handzeichen, mit denen sie kommunizieren können, noch bevor sie sprechen lernen.

Inzwischen gibt es deutschlandweit Kursangebote, und viele Eltern sind begeistert, weil sie so besser verstehen können, was ihr Baby ausdrücken möchte. Negative Effekte auf die Sprachentwicklung sind dabei nicht zu erwarten, weil die Eltern stets parallel das jeweilige Wort sagen.

Apropos Sprachentwicklung: Wir möchten Ihnen ans Herz legen, Ihr Kind von Anfang an für Bücher zu begeistern. Das ist eine sehr wertvolle Ressource für das gesamte weitere Leben und eine wichtige Basis für Freude an Bildung.

Auch für die Kleinsten gibt es schon tolle Bücher, zum Beispiel „Babys erste Bilder: Tiere“ von Stella Baggolt, dessen Bilder durch die Hell-Dunkel-Kontraste auch schon von Babys in den ersten Lebensmonaten gut erkannt werden können, oder „Babys erstes Buch“ von Solini mit quietschenden und rasselnden Elementen.

Zärtlichkeit, sexuelle Entwicklung und Selbstregulation

Gönnen Sie Ihrem Baby viel Körpernähe durch Tragen und Kuscheln. Das braucht es, um sich gut zu entwickeln. Übrigens: Kinder unterscheiden nicht zwischen „harmloser“ und sexueller Zärtlichkeit. Manchmal spielen Babys selbstvergessen an ihren Intimbereich herum – einfach weil das schöne Gefühle weckt! Als Eltern sollten wir darauf auf keinen Fall negativ reagieren – lassen Sie Ihr Kind machen, das ist wichtig für eine gesunde Sexualentwicklung.

Oft zeigen Babys und Kleinkinder auch Interesse an den Geschlechtsteilen der Eltern und greifen zum Beispiel beim Baden danach. Sie können kurz erklären: „Ja, das nennt man Penis/Scheide", ohne großes Aufheben darum zu machen. Wenn Ihr Kind aber länger damit spielen will, teilen Sie ihm einfach mit: „Ich mag es nicht, wenn du das anfasst. Lass uns lieber mit den Badetieren spielen."

Auch beim Thema Nacktheit muss jede Familie ihren eigenen Weg finden – ein möglichst offener, ungezwungener Umgang fördert aber ein gesundes Körper-Bewusstsein.

Im ersten Lebensjahr ist es auch völlig normal, dass Kinder sich noch nicht lange selbst beschäftigen können. Es ist aber sinnvoll, genau das immer mal wieder für kurze Zeiten zu üben. Sie können zum Beispiel Wäsche zusammenlegen und Ihr Baby neben sich mit ein oder zwei Spielzeugen auf eine Decke legen.

Wichtig ist, Reizüberflutung zu vermeiden: Zu viele Spielsachen irritieren Babys eher und halten sie davon ab, gut ins Spiel zu finden. Legen Sie daher immer nur ein paar Spielsachen in Reichweite.

Ernährung und Erste Hilfe

Ein Thema, das für viele Eltern mit Unsicherheit verbunden ist, ist die Ernährung. Die Weltgesundheitsorganisation empfiehlt sechs Monate Vollstillen. Anschließend eine Mischung aus Stillen und Beikost (bzw. später die Teilnahme an den Mahlzeiten der Familie) bis zum Alter von zwei Jahren oder, wenn Mutter und Kind das wünschen, auch darüber hinaus.

Lassen Sie sich also mit dem Abstillen ruhig Zeit! Auch wenn Sie nur noch ein- oder zweimal am Tag stillen, versorgen Sie Ihr

Kind dadurch mit vielen wertvollen Vitaminen und stärken so sein Immunsystem und seine gesamte Gesundheit.

Im Alter von vier bis sechs Monaten können Sie beginnen, langsam Beikost einzuführen. Als erste Kost eignet sich zum Beispiel pürierte Pastinake oder Kürbis, am besten in Bio-Qualität, da diese Produkte strenger auf Schadstoffe kontrolliert werden.

Ob Ihr Kind bereit dafür ist, erkennen Sie daran, wie es auf Ihr Essen reagiert – wirkt es sehr neugierig und offen, als würde es selbst gern einmal probieren? Dann können Sie einen Versuch wagen. Setzen Sie Ihr Kind aber nicht unter Druck, falls es den Brei nicht mag. Sie können es immer mal wieder versuchen, doch es ist nicht schlimm, wenn Ihr Baby noch keine Lust auf Beikost hat.

Vielleicht gefällt ihm das sogenannte „Baby led weaning" besser – eine Methode, bei der Babys von Anfang an kleine, weiche Nahrungsstücke bekommen, an denen sie „kauen" können. Vieles geht auch schon ohne Zähne, zum Beispiel geschälte Gurke, weich gekochte Möhre, Zucchini, Pastinake, Kartoffel oder Kürbis … Sie sollten aber stets darauf achten, dass die Nahrung weich genug ist, und dabeibleiben – für den Fall, dass Ihr Baby sich doch daran verschluckt.

Falls das tatsächlich mal passiert, halten Sie das Baby mit dem Gesicht nach unten auf Ihrem Schoß, und stützen Sie das Gesicht mit einer Hand. Kleine Babys können auch an den Füßen festgehalten und kopfüber nach unten hängen gelassen werden.

Mit der anderen Hand klopfen Sie nun bis zu fünfmal kräftig zwischen die Schulterblätter, um die verschluckte Nahrung zu entfernen.

Reicht das nicht, benutzen Sie den „Heimlich-Griff": Legen Sie Ihr Baby mit dem Gesicht nach oben und dem Kopf auf Ihren Knie auf Ihre Beine. Drücken Sie nun mit zwei gestreckten Fingern fünfmal in der Mitte des Brustkorbs auf die Brust des Säuglings (etwa ein Drittel der Brustkorbhöhe eindrücken).

Grundsätzlich ist ein Kurs für Erste Hilfe am Kind sinnvoll, zum Beispiel bei Anbietern wie DRK, Johanniter oder Familienbildungsstätten.

Übrigens: Geben Sie Ihrem Baby keine Taschentuch-Packungen. Immer wieder verschlucken sich Babys an den Klebeteilen dieser Packungen.

Noch eine wichtige Information zum Thema Kinder-Notfälle: Sollte Ihr Kind Sie nachts einmal mit bellendem Husten wecken und kaum Luft bekommen, handelt es sich vermutlich um einen Pseudo-Krupp-Anfall. Nehmen Sie Ihr Kind auf den Arm, wickeln Sie es in eine Decke, und stellen Sie sich mit ihm an ein offenes Fenster, damit es kühle, frische Luft einatmen kann. In stickigen Sommernächten können Sie auch die Kühlschranktür öffnen und sich mit Ihrem Kind davorsetzen.

Wenn trotzdem keine Besserung eintritt, verständigen Sie 112. Wichtig: Früher wurde empfohlen, für feuchte, warme Luft zu sorgen, z. B. durch warmes Badewasser. Das ist jedoch veraltet, weil die Kinder so tatsächlich noch schlechter atmen können.

Die ANGEL-Schlaf-Methode – wirksame und sanfte Hilfe für Ihr Kind

Einschlafprobleme und häufiges Aufwachen in der Nacht sind weitverbreitete Probleme im ersten Lebensjahr. Melanie arbeitet in ihrer Schrei- und Schlafberatung online und vor Ort auf Basis der ANGEL-Schlaf-Methode (www.neuewege.me).

Diese bietet eine Orientierung für einen sanften Umgang mit Schlafproblemen, der die Bedürfnisse aller Familienmitglieder im Blick hat. Wie bei der TROST-Methode bei Schreiproblemen ist auch „ANGEL“ ein Akronym, d. h. jeder Buchstabe steht für einen Begriff:

Anspannung lösen
Nähe schenken
Gute Schlafbedingungen
Eigenständigkeit sanft fördern
Langeweile in der Nacht

1. Anspannung lösen

Einschlafen bedeutet immer auch Loslassen. Versuchen Sie Ihrem Kind zu helfen, sich zu entspannen. Viele Babys lassen sich durch eine Massage beruhigen. Besonders effektiv ist eine Massage an den Füßen, am besten mit einer Babylotion mit Lavendelduft oder einem Lavendelöl.

Wir raten außerdem allen Eltern von Babys und Kleinkindern mit Schlafproblemen, einmal einen guten Osteopathen aufzusuchen, um mögliche Blockaden lösen zu lassen. Natürlich sollten Sie auch mit dem Kinderarzt sprechen, um medizinische Ursachen auszuschließen.

Manchmal schreien Babys auch ohne erkennbaren Grund und brauchen das, um Stress und Anspannung abzubauen. Halten Sie Ihr Kind dann liebevoll im Arm und hören Sie ihm geduldig zu.

2. Nähe schenken

Damit Babys sich sicher fühlen, ist die Nähe von vertrauten Personen wichtig. Das hat überhaupt nichts mit „Verwöhnen“ zu tun, sondern ist ein natürliches Bedürfnis von Babys und Kleinkindern! Tragen Sie Ihr Baby daher tagsüber viel und kuscheln Sie auch abends ausgiebig mit ihm. Pflegen Sie abends ein liebevolles Ritual – zum Beispiel den Kuscheltieren Gute Nacht sagen, Beten, Singen, Kuscheln.

Vielen Babys hilft es, in einem Beistellbett neben ihren Eltern zu schlafen. Auch das Familienbett kann eine gute Option sein, wenn keine Risikofaktoren wie Rauchen, Konsum von starken Medikamenten, Alkohol oder Drogen vorliegen und Sie nicht in einem Wasserbett oder auf einer anderen extrem weichen Matratze schlafen. Ziehen Sie Ihr Baby dann nur leicht an, damit es nicht überhitzt.

Auch ein dünnes, atmungsaktives Schmusetuch, oder bei Kleinkindern ein Kuscheltier, kann Geborgenheit vermitteln. Viele Babys haben daran anfangs kein Interesse – versuchen Sie es dennoch immer wieder mal; oft können Babys ab einem Alter von acht bis neun Monaten mehr damit anfangen.

3. Gute Schlafbedingungen

Das Zimmer, in welchem Ihr Baby schläft, sollte möglichst dunkel sein, denn Dunkelheit fördert die Ausschüttung des Schlafhormons Melatonin. Achten Sie auf eine angemessene Temperierung von ca. 18 Grad Zimmertemperatur.

Die meisten Babys kommen bei dieser Temperatur mit einem langärmligen Body in einem Ganzjahresschlafsack (an heißen Tagen ein Sommerschlafsack, ohne Body) gut zurecht.

Im Nacken Ihres Babys können Sie fühlen, ob es schwitzt und evtl. zu warm angezogen ist. An den Füßen können Sie fühlen, ob ihm kalt ist – in diesem Fall können Sie ihm Socken und gegebenenfalls ein zusätzliches dünnes Oberteil anziehen.

Auch Sättigung ist eine wichtige Schlafbedingung. Wenn Ihr Baby bereits Beikost bekommt, können Sie ihm abends einen schlaffördernden Haferbrei anbieten: Kochen Sie zarte Haferflocken oder einen Hafer-Getreidebrei zum Anrühren mit Wasser oder, wenn Sie nicht stillen, mit Pre-Milch auf. Der Brei kann mit ein paar Stücken zerdrückter Banane etwas gesüßt werden.

Wenn Ihr Baby schlecht schläft, sollten Sie seinen Obst-Konsum im Blick behalten, da zu viel Zucker, auch Fruchtzucker, unruhig machen kann. Zwei Portionen Obst am Tag (also etwa 2–4 Hände des Kindes voll) reichen und der Großteil sollte möglichst nicht abends verzehrt werden. Seien Sie zurückhaltend mit Fertigbreien – diese enthalten oft Zucker oder „versteckte" Zuckerersatzstoffe.

Kleine Helferlein aus der Natur können ebenfalls zum Einsatz kommen. Fragen Sie vorher Ihren Kinderarzt, ob etwas dagegen spricht und wie lange sie das jeweilige Mittel geben dürfen (beachten Sie auch die Packungsbeilage). Viele Eltern machen gute Erfahrungen mit Calmedoron-Streukügelchen von Weleda, welche Auszüge aus Baldrian und anderen beruhigenden Pflanzen enthalten und auch schon für Säuglinge geeignet sind. Ebenfalls beruhigend wirkt das pflanzliche Bryophyllum 50 % Pulver.

4. Eigenständigkeit sanft fördern

Babys haben ganz natürlicherweise ein großes Bedürfnis nach viel Körperkontakt und Nähe zu ihren Bezugspersonen. Das sollte man ernst nehmen und erfüllen.

Dennoch ist es für einen guten Schlaf hilfreich, in kleinen Schritten auch Selbstregulation und Eigenständigkeit zu fördern. Um nachts gut zu schlafen, brauchen Babys nämlich die Fähigkeit, sich selbst zu beruhigen. Das können die meisten anfangs noch kaum und die wichtigste Basis für das Erlernen dieser Fähigkeit ist die Nähe und liebevolle Begleitung durch die Eltern.

Tragen Sie Ihr Baby also viel, kuscheln Sie viel – aber bauen Sie auch tagsüber immer mal wieder kleine Zeiten ein, in denen Ihr Baby die Gelegenheit hat, ein wenig für sich zu spielen oder durch die Gegend zu schauen, während Sie in der Nähe sind.

Auch beim Einschlafen können Sie immer mal wieder versuchen,

Ihr Baby in sein Bettchen zu legen, wenn es schon schläfrig ist, aber noch nicht fest schläft. Vorher sollten Sie stets ganz viel kuscheln, um das Nähebedürfnis Ihres Kindes zu erfüllen.

Ihr Kind darf gern in Ihren Armen zur Ruhe kommen, nur das feste Einschlafen sollte möglichst oft im Bett erfolgen. Das bedeutet aber nicht, dass Sie ein kleines Baby, das beim Stillen eingeschlafen ist, absichtlich wecken sollten!

Versuchen Sie einfach, immer mal wieder Gelegenheiten zu finden, bei denen das Baby nicht beim Füttern einschläft. Manchmal hilft es, das Füttern etwas vorzuverlegen, und oft schlafen Babys mit drei bis vier Monaten von selbst nicht mehr jedes Mal dabei ein.

Legen Sie es dann, wenn es ruhig ist und eine Weile mit Ihnen geschmust hat, in sein Bettchen. Wenn es schreit, nehmen Sie es nicht direkt wieder hoch, sondern versuchen Sie ein paar Minuten, es mit Streicheln oder einer Hand auf dem Kopf im Bettchen zu beruhigen.

Wenn das gar nicht klappt, können Sie Ihr Kind natürlich auf den Arm nehmen – aber möglichst nicht, bis es fest schläft, denn das sollte es im Bettchen lernen. Es gibt Abende, an denen das einfach nicht klappt – das ist normal, denn manchmal brauchen Babys einfach ganz viel Nähe, um in den Schlaf zu finden.

Trotzdem ist es sinnvoll, diese Vorgehensweise immer wieder zu probieren, um dem Kind nach und nach beizubringen, mit nur wenig Hilfe im Bettchen einzuschlafen. Das erhöht die Chance, dass es sich auch nachts immer öfter selbst beruhigen kann.

Sobald Ihr Kind drei bis vier Monate alt ist, sollten Sie verstärkt versuchen, ihm auf diese Weise das möglichst eigenständige Einschlafen im Bettchen beizubringen. Wenn es sich daran gewöhnt hat, können Sie Ihre Hilfe nach und nach reduzieren – zum Beispiel immer kürzer streicheln und nur noch neben dem Bett stehen oder sitzen und nach einer Weile auch aus dem Raum gehen.

Wenn Ihr Baby schreit, sollten Sie aber sofort wiederkommen, es beruhigen und dann lieber neben dem Bettchen bleiben.

Die meisten Babys entwickeln im Alter zwischen sechs und neun Monaten große Trennungsängste (auch verbunden mit dem Fremdeln), weshalb es hier meist schwierig ist, neue Schlafgewohnheiten einzuführen. Einen Versuch ist es dennoch wert, aber wir würden eher davon abraten, den Raum zu verlassen, weil das große Panik hervorrufen kann.

Grundsätzlich raten wir davon ab, Babys allein schreien zu lassen. Das Gefühl, verlassen zu sein, bedeutet für ein Baby großen Stress und schadet seiner Bindung zu den Eltern.

Versuchen Sie die oben genannte Methode – notfalls auch etwas konsequenter, was bedeutet: Bleiben Sie eine Woche lang dabei, dass Ihr Kind im Bettchen einschlafen muss. Nehmen Sie es kurz auf den Arm, wenn es sehr hysterisch wird, aber nicht, bis es fest schläft. Erklären Sie ihm liebevoll, aber entschlossen, dass es nun lernen muss, besser zu schlafen, weil das für die ganze Familie wichtig ist.

Anfangs protestieren viele Babys lautstark dagegen, weil dieses neue Vorgehen ungewohnt ist – und Babys lieben Gewohnheiten und kämpfen um sie! Deshalb kann auch diese Methode anfangs mit viel Geschrei einhergehen – jedoch lassen Sie Ihr Baby nicht allein, und das ist ein großer Unterschied!

Sollten Sie nach fünf Tagen keinerlei Besserung feststellen, kann es sein, dass es Ihr Baby irritiert, wenn Sie es zwischendurch auf den Arm nehmen. Erklären Sie ihm dann, dass es nun in seinem Bettchen bleibt, Sie aber bei ihm sind und es streicheln.

Versuchen Sie dabei, es sich selbst so bequem wie möglich zu machen, denn Ihr Kind spürt, ob Sie entspannt sind. Helfen kann zum Beispiel tiefe, bewusste Bauchatmung und Musik oder ein Hörbuch per Kopfhörer. Mir (Melanie) hat es phasenweise sehr geholfen, ein Hörbuch zu hören, weil ich dann nicht die ganze Zeit darauf gewartet habe, wann das Kind denn endlich einschläft ... Ich habe mich sogar wieder auf das Zu-Bett-Bringen gefreut, weil ich wissen wollte, wie die spannende Geschichte weitergeht! Falls Ihr Kind insgesamt schnell reizüberflutet und sehr sensibel ist, könnte auch eine Hochsensibilität vorliegen, wie bei etwa 20 Prozent aller Menschen. Mehr Informationen dazu finden Sie z. B. in dem Buch „Mit feinen Sensoren“ von Dirk und Christa Lüling.

5. Langeweile in der Nacht

Natürlich sollte sich Ihr Baby nicht ständig langweilen. Was wir hier meinen, ist eine positive „Langeweile“ im Gegensatz zu dem übermäßig vollen, hektischen Alltag, den viele Babys erleben.

Achten Sie darauf, genügend freie Zeiten im Alltag zu haben, in denen Sie einfach zu Hause mit Ihrem Baby „abhängen“. Sie sollten Ihr Baby auch nicht ständig unterhalten und animieren. Als Ausgleich zu intensiven Spielphasen, Liedern oder „Gesprächen“ sollten Sie Ihr Baby auch einfach still auf einer Decke liegen und herumschauen lassen, während Sie etwas lesen oder Wäsche zusammenlegen.

Wenn Ihr Baby nachts aufwacht, sollten Sie sich ebenfalls möglichst „langweilig“ verhalten: so wenig Licht wie möglich, leises Sprechen und nur das Nötigste sagen, kein Spielen oder Scherzen. Natürlich sollten Sie liebevoll reagieren, aber eben nicht unterhaltsam, damit Ihr Baby nicht unnötig animiert wird und denkt, es wäre Zeit zum Spielen. Außerdem hilft das Ihrem Kind, schnell selbst wieder schläfrig zu werden.

Alle unnötigen Aktivitäten sollten Sie weglassen. Je älter Ihr Baby wird, desto mehr bedeutet das auch, es nicht bei jedem Aufwachen zu füttern. Wenn Ihr Baby schon nach einer Stunde wieder wach wird und abends gut getrunken hat, ist es höchstwahrscheinlich nicht hungrig. Vermutlich wird es die Flasche oder Brust gern nehmen, weil es das beruhigende Saugen genießt.

Sie schaffen damit jedoch eine Gewohnheit, die den Schlaf auf Dauer eher stört. Wir plädieren da für einen gesunden Mittelweg: Natürlich haben Babys, bedingt durch Infekte oder Wachstumsschübe, mal mehr und mal weniger Hunger, und gerade kleine Babys können auch nachts durchaus nach zwei bis drei Stunden wieder hungrig sein.

Doch achten Sie darauf, dass das Stillen oder das Füttern mit der Flasche nicht zum Automatismus bei jedem Aufwachen wird.

Simons Plädoyer an die Väter: Steht euren Mann, auch nachts!

Gespräche mit anderen Eltern zeigen uns, dass auch in unserer modernen Gesellschaft die Rollenverteilung in jungen Familien oft noch immer erstaunlich klassisch ist. Es gibt natürlich immer mehr Ausnahmen, wo z. B. der Vater zu Hause bleibt oder beide Eltern sich Kinderbetreuung und Arbeit aufteilen. Aber im Großteil der Familien ist noch immer die Frau größtenteils für Kinder und Haushalt verantwortlich – oft sogar dann, wenn sie erwerbstätig ist.

Väter spielen zwar auch mal mit dem Kind, aber die Hauptverantwortung trägt die Mutter. Auch nachts muss in vielen Familien grundsätzlich die Frau aufstehen, weil „der Mann ja arbeiten muss". Das habe ich nie so recht verstanden. Okay, es mag Berufe geben, in denen wirklich höchste Konzentration nötig ist – Chirurg, Pilot o. Ä. Aber viele Jobs lassen sich auch mit gelegentlichem Schlafmangel durchaus machen. Klar ist das anstrengender – aber ganz ehrlich, seid mal ein paar Tage am Stück mit dem Baby allein. Dann wisst ihr, dass der Alltag mit einem Baby ebenso hart sein kann wie das Arbeiten.

Und übrigens, was die Verantwortung angeht: Eure Frau fährt doch sicherlich mit dem Baby Auto? Zum Arzt, Einkaufen, Krabbelgruppe o. Ä.? Auch das ist mit ständigem Schlafmangel sehr gefährlich! Ganz abgesehen davon, dass die meisten Unfälle im Haushalt passieren … Klar, wenn das Baby grundsätzlich gut schläft und nur mal hier und da in Ausnahmen die Nacht zum Tag macht, ist es wohl nicht ganz so schlimm, wenn diese Nächte der nicht erwerbstätige Elternteil übernimmt.

Doch wenn diese Nächte sich häufen, ist definitiv Teamarbeit gefragt. Ich würde mal behaupten, die allermeisten Jobs erlauben es, dass der berufstätige Partner auch während der Woche zumindest ein bis zwei Nächte übernimmt. Oft ist es in Zeiten mit sehr schlechten Nächten gut, wenn immer ein Elternteil in einem anderen Raum schläft, wo er nicht geweckt wird. Wenn die Frau stillt, dann wird ihr das Baby in den Papa-Nächten zum Füttern gebracht – für den Rest ist der Vater zuständig.

Abgesehen davon, dass die Fairness es verlangt, sich die harten Nächte aufzuteilen, denkt auch an euer Liebesleben: Schlafentzug macht richtig schlechte Laune. Wenn eure Frau ständig allein für die nächtliche Betreuung zuständig ist, ist es kein Wunder, wenn sie zunehmend gereizt und genervt ist. Das tut keiner Beziehung gut – weder emotional noch in Bezug auf das Intimleben.

Wenn ihr so einen verantwortungsvollen Beruf habt, dass ihr in der Woche wirklich keine Nacht übernehmen könnt, solltet ihr euch auf jeden Fall für die Wochenend-Nächte zur Verfügung stellen und eurer Frau am Wochenende zumindest an einem Tag das Ausschlafen ermöglichen.

Klar ist das hart, aber es ist ja nicht für immer. Also, kneift die Arschbacken zusammen und steht euren Mann!

Ich habe mit einem extremen Schreibaby meine Bachelorarbeit geschrieben. Das war ziemlich anstrengend, aber wie heißt es so schön:

Was uns nicht umbringt, macht uns nur noch härter. Scherz beiseite, natürlich braucht jeder etwas Erholung. Aber die Babyzeit ist einfach hart und da muss man sich zusammen durchbeißen.

Und – vermutlich ist euch das schon klar, aber sicherheitshalber erwähne ich es noch mal: Wenn euer Baby viel schreit und schlecht schläft, ist es völlig normal, dass deine Frau nicht viel im Haushalt schafft. Oder auch mal gar nichts. Wenn sie erschöpft ist, dann sollte sie die Schlafenszeiten ihres Babys vorrangig für eines nutzen: Erholung.

Sag ihr das – solche Aussagen lassen sie merken, wie wichtig sie dir ist. Denn ganz ehrlich, der Haushalt ist in solchen Phasen echt ziemlich egal. Klar, es sollten keine Mäuse und Ratten kommen, ein ganz kleiner Standard muss sein, aber wenn das Kleine sehr viel schreit oder die Nacht zum Tag macht, dann schafft deine Frau vielleicht nicht mal diesen Standard allein.

Dann belaste sie nicht noch zusätzlich durch Kritik, sondern krempel die Ärmel hoch und pack mit an, oder organisiert euch zusammen Hilfe. Es ist eine extreme Zeit, aber sie geht vorbei. Und du wirst stolz sein, wenn du sie mit deiner Frau zusammen durchgestanden hast. Das schweißt zusammen.

Rückblickend kann ich sagen, dass die Nächte mit meinen zwei Kindern zwar anstrengend waren, aber auch eine starke Nähe zwischen ihnen und mir geschaffen haben. Deshalb will ich euch ermutigen, von Anfang an viel Zeit mit euren Kindern zu verbringen – tagsüber und eben auch nachts. Oder wollt ihr, dass nur eure Frau euer Kind prägt? Ich finde, ich habe meinen Kindern einiges zu bieten, und das will ich ihnen nicht vorenthalten :-)

Und wann kommt das zweite?

Gegen Ende des ersten Lebensjahres hören einige Eltern schon von neugierigen Verwandten oder Bekannten die Frage: „Und wann bekommt euer süßer Spatz ein Geschwisterchen?“

Gleich vorweg: Einzelkinder werden nicht zwangsläufig zu verwöhnten Egoisten. Das zeigt die Forschung inzwischen sehr klar. Dennoch finden viele Einzelkinder es früher oder später schade, keine Geschwister zu haben.

Ist ein zweites Kind undenkbar, sollten Eltern für genügend Kontakt zu Gleichaltrigen außerhalb der Familie sorgen – dann kann auch ein Einzelkind glücklich, ausgeglichen und zufrieden heranwachsen!

Grundsätzlich halten wir aber Geschwister für eine wertvolle Bereicherung – sowohl in der Kindheit als auch im Erwachsenenleben. Doch wann ist ein guter Zeitpunkt für ein zweites Kind?

Wir beobachten eine zunehmende Tendenz zu kurzen Altersabständen zwischen Geschwistern – meist begründet mit der Hoffnung, dass die Kinder so später gut zusammen spielen können. Außerdem möchte man vielleicht schnell „durch“ sein mit der Kleinkindphase und nicht wieder von vorn anfangen, wenn das Erste aus dem Gröbsten raus ist.

Natürlich muss jede Familie da ihren eigenen Weg finden und es gibt nicht den einen guten Altersabstand. Wir haben bewusst vier Jahre gewartet – nicht nur weil wir recht jung waren, sondern auch weil wir uns wünschten, jedem Kind viel Zeit und Aufmerksamkeit widmen zu können. Wir wollten jedes Kind für sich „genießen“ können, statt die Kinderphase schnell „abzuhaken“.

Klar hat auch das seine Schattenseiten, denn die gerade wiedergewonnene Freiheit erneut einzuschränken, ist nicht immer schön, und manchmal finden wir es schwierig, Aktivitäten zu finden, die beiden Kindern gefallen.

Gleichwohl spielen unsere Kinder recht oft miteinander, und da Lias schon so „groß“ ist, hat er auch viel Verständnis, wenn seine kleine Schwester mal etwas stur oder zickig ist. Er ist stolz, wenn sie etwas Neues lernt, und hilft ihr oft im Alltag.

Josephin bewundert ihren großen Bruder und lernt viel von ihm. Obwohl es, wie bei allen Geschwistern, auch mal Streit gibt, haben sie grundsätzlich ein sehr enges, liebevolles Verhältnis zueinander.

Wenn Sie darüber nachdenken, schon recht früh das zweite Kind zu planen, ist es wichtig, realistisch zu sein. Das Leben mit Baby und Kleinkind kann extrem anstrengend sein, besonders wenn keine Großeltern oder andere vertraute Menschen vor Ort sind, die schnell mal mit anpacken können.

Einige Eltern tappen in die „Easy-Baby“-Falle: Das erste Kind war ein Sonnenschein, super pflegeleicht, und deshalb denken sie sich: Ein zweites schaffen wir auch noch! Doch manchmal wird das zweite eben ganz anders – es schläft schlecht, schreit viel …

Und dann steht man oder frau da, mit einem schreienden Baby und einem Kleinkind, das auch noch viel Zuwendung und Nähe braucht und nicht versteht, warum Mamas oder Papas Arm so oft von dem Baby besetzt ist.

Eine Bekannte erzählte uns neulich, dass ihre zweijährige Tochter einen starken Infekt hatte und während dieser Zeit sehr anhänglich war. Gleichzeitig musste aber eben auch der zweimonatige Sohn gestillt und immer mal wieder beruhigt werden, sodass meine Freundin das Nähebedürfnis der Zweijährigen nicht so erfüllen konnte, wie sie es gern getan hätte.

Sie formulierte klar, dass sie in dieser Zeit nicht beiden gerecht wurde – und das ist hart für alle Beteiligten. Auch das Zu-Bett-Bringen abends, wenn der Partner vielleicht noch arbeitet, kann sehr schwierig werden.

Einige Fachleute halten drei Jahre für einen objektiven „idealen“ Abstand – groß genug, damit das ältere Kind nicht zu eifersüchtig wird, und klein genug, damit die Kinder noch viel miteinander spielen können. Letztlich muss jede Familie jedoch selbst herausfinden, wann der richtige Zeitpunkt für ein Geschwisterchen da ist.

Wichtig finden wir, die Planung des zweiten Kindes nicht zu überstürzen. Man sollte auch mögliche Herausforderungen wie ein Schreibaby oder gesundheitliche Probleme einkalkulieren, um keine unnötige Überforderung zu schaffen.

Und natürlich gibt es auch Eltern, die es bewusst bei einem Kind belassen wollen und gute Gründe dafür haben.

Wenn irgendwann die Entscheidung gefallen und ein Geschwisterchen unterwegs ist, können Sie zu Kapitel 8 weiterblättern und unter dem Stichwort „Geschwisterliebe und Eifersucht“ nachlesen, wie Sie Ihrem „großen“ Kind die anstehende Veränderung erleichtern können.

Fragen an uns:

Wie geht es uns zurzeit? Was läuft gut und was ist gerade schwierig?

Welche Bedürfnisse kommen gerade zu kurz und wie könnte man da ein wenig Ausgleich schaffen?

Was erlebe ich an meinem Partner in seiner neuen Elternrolle als positiv? Was macht er toll?

Bin ich schon in meiner neuen Rolle als Mutter/Vater angekommen? Wo bräuchte ich noch Hilfe?

Wie geht es uns als Paar? Was hat sich verändert? Worauf sollten wir achten, damit unsere Liebe zueinander weiter lebendig bleibt und wir uns nicht aus den Augen verlieren?

Zum Schmökern und Informieren:

- Dirk und Christa Lüling: Mit feinen Sensoren. Hochsensitive Kinder erkennen und ins Leben begleiten, Asaph 2014
- Remo H. Largo: Babyjahre. Entwicklung und Erziehung in den ersten vier Jahren, Piper 2013
- Herbert Renz-Polster: Kinder verstehen. Born to be wild: Wie die Evolution unsere Kinder prägt, Kösel 2015
- Elizabeth Pantley: Schlafen statt Schreien. Das liebevolle Einschlafbuch, Trias 2014
- Stella Baggott: Babys erste Bilder: Tiere, Usborne 2013
- lieblings-kind.blogspot.de

Gebet:

„Guter Gott, danke für diese besondere Zeit, in der unser Kind sich so rasant entwickelt und täglich Neues lernt.

Diese Zeit ist voller kleiner Wunder und gleichzeitig ganz schön anstrengend. So vieles verändert sich, wir tragen plötzlich viel mehr Verantwortung, das Leben ist um einiges voller und manchmal ziemlich stressig.

Bitte hilf uns, diese Herausforderungen als Team zu bewältigen – miteinander, nicht gegeneinander. Schenke uns Kraft und Energie, um unsere Aufgaben gut zu erfüllen, und stärke unsere Liebe füreinander, damit wir einander mit Wertschätzung und Verständnis begegnen.

Bitte gib uns Weisheit als Eltern, aber auch im Umgang miteinander als Paar. Segne unsere Familie und unsere Ehe. Amen."

Das zweite bis dritte Lebensjahr – „Ich will aber!“

So liefs bei Melanie und Simon:

Simon:

Unsere Kinder erleben die Trotzphase beide sehr, sehr intensiv. Bei beiden fing es schon so mit knapp anderthalb Jahren an. Während es bei Lias zwischen drei und vier Jahren etwas ruhiger wurde, ist Josephin mit ihren 27 Monaten noch mittendrin. Sie macht wirklich aus allem einen Kampf: Sie will die Zähne nicht geputzt haben, sie will nicht gewickelt werden, ihre Schuhe nicht anziehen, die Jacke natürlich auch nicht … Manchmal hilft es zu sagen: „Okay, ich warte jetzt noch kurz, aber dann machst du mit, ja?“ Aber die Zeit hat man eben auch nicht immer.

Melanie:

Ja, das ist echt sehr anstrengend – weil es einfach in so vielen Alltagssituationen passiert. Neulich in der Bücherei wollte Josephin absolut nicht von einem Computer weggehen … Als ich sie schließlich packte und wegtrug, bekam sie einen unvorstellbaren Wutanfall. Und das richtig lange! Sie klammerte sich so heftig an mir fest, dass es mir echt nicht möglich war, sie abzusetzen, um die Bücher und die Spiele zu tragen. Zuletzt hat sich eine Büchereimitarbeiterin erbarmt und mir die Sachen zum Auto getragen. Es ist toll, wenn es solche Leute gibt!

Simon:

Man fühlt sich schon anders, wenn man im Supermarkt beobachtet wird, während das Kind sich mal wieder auf den Boden wirft, weil es keinen Schokoriegel haben darf. Aber diese Quengelware an der Kasse ist auch echt das Letzte … Manchmal wird man selber wütend, wenn das Kind sich so danebenbenimmt. Aber man muss sich eben immer wieder bewusst machen, dass es das nicht mit Absicht macht.

Melanie:

Richtig, das muss man sich vor Augen führen: In dieser Phase läuft die Ich-Entwicklung auf Hochtouren. Und da gibt es manchmal Kurzschlüsse im Gehirn, wodurch die Kleinen nicht mehr Herr ihrer Emotionen sind … Trotzdem stresst das natürlich, vor allem, wenn es so oft vorkommt wie zurzeit bei uns. Es wirkt sich auch darauf aus, wie wir beide miteinander umgehen: Man hat einfach ein höheres Stresslevel und ist öfter mal genervt und frustriert. Und weil man das natürlich nicht an den Kindern auslassen will, passiert es öfter mal, dass der Partner das dann mit voller Wucht abbekommt.

Simon:

Wichtig ist, sich dann auch immer wieder zu sagen, dass es eher der Alltagsstress ist und nicht der Partner, der einen so sauer macht. Man sollte den anderen immer wieder mal in den Arm nehmen und auch mit Küssen und Sätzen wie „Ich liebe dich!" nicht sparen. So schafft man einen guten Gegenpol.

Die Ich-Entwicklung und was trotzende Kinder brauchen

Im Laufe des zweiten Lebensjahres wird das Ich-Bewusstsein von Kindern immer stärker. Sie erkennen sich selbst im Spiegel und entdecken ihren eigenen Willen. Sie merken jetzt: Ich bin nicht eins mit meinen Eltern, sondern ich bin „Ich" – eine eigene Person mit eigenen Ideen, Wünschen und Vorstellungen.

Was sie noch nicht verstehen, ist, warum ihre Eltern diese Wünsche und Vorstellungen nicht immer teilen. Ihnen fehlt noch das Verständnis dafür, dass Menschen unterschiedliche Bedürfnisse haben und anders fühlen als sie selbst. Das eigene „Ich" ist gerade so neu und dominant, dass es noch nicht möglich ist, die Perspektive anderer einzunehmen. Das wird auch als „kindlicher Egozentrismus" bezeichnet und sollte nicht mit „Egoismus" verwechselt werden.

Als Egoisten bezeichnen wir Menschen, die selbstsüchtig nur auf den eigenen Vorteil bedacht sind, weil sie nur sich selbst als wichtig ansehen.

Kleinkindern einen solchen Vorwurf zu machen, wäre jedoch ungerecht. Bei ihnen liegt die Ursache des scheinbar egoistischen Verhaltens einfach in ihrem Entwicklungsstand: Sie können sich noch nicht anders verhalten, weil ihr Gehirn dafür noch nicht weit genug entwickelt ist.

Ab dem dritten Geburtstag werden Kinder jedoch immer mehr lernen, auch die Bedürfnisse anderer ernst zu nehmen. Dazu benötigen sie Begleitung durch liebevolle Eltern, die ihre Ich-Entwicklung stärken und sie in altersgerechtem Maß mitentscheiden lassen. Gleichzeitig sollten die Eltern immer wieder auf die Gefühle anderer Menschen hinweisen und selbst gute Vorbilder in Rücksichtnahme sein.

Weil das Verständnis dafür, dass andere Menschen anders fühlen könnten als sie selbst, noch fehlt, reagieren Kleinkinder oft sehr heftig, wenn sie ihren Willen nicht umsetzen können. Sie erleben den Wunsch, *gerade jetzt* zum Spielplatz zu gehen, sehr intensiv und begreifen nicht, warum ihre Eltern nicht der gleichen Ansicht sind.

In ihrem Buch „Achtsame Kommunikation mit Kindern" vermitteln Daniel Siegel und Tina Bryson wertvolle Informationen darüber, wie das Gehirn von Kleinkindern tickt: Wir Menschen haben alle ein oberes und ein unteres Gehirn. Das obere Gehirn ist für vernünftiges, planvolles Handeln zuständig, während das untere Gehirn eher auf Instinkte und Gefühle reagiert.

Wenn Babys auf die Welt kommen, ist das untere Gehirn schon voll entwickelt – Gefühle und Instinkte sind also schon ebenso stark wie bei Erwachsenen. Das obere Gehirn wird jedoch erst mit ca. 20 Jahren fertig entwickelt sein. Deshalb ist es während der gesamten Kindheit und Jugend deutlich schwächer und störanfälliger als das untere Gehirn.

Das bedeutet: Vernünftig zu handeln ist für Kinder und Jugendliche ziemlich schwierig. Immer wieder gewinnt das untere Gehirn die Oberhand und die Gefühle bestimmen das Verhalten. Diese Hirnregion heißt auch „Reptiliengehirn", weil sie dem Gehirn von Reptilien ähnelt, die ebenfalls ausschließlich instinktgeleitet handeln.

Deshalb sind Strafen oder auch Konsequenzen wie „Stille Treppe" o. Ä., bei denen das Kind eine Weile allein sein muss, völlig fehl am Platz. Das Kind handelt nicht absichtlich so, sondern es wird gerade von seinen Gefühlen überflutet – und das ist in diesem Alter völlig normal. Nicht nur Sie sind hier das Opfer, sondern Ihr Kind ist es auch.

Versuchen Sie doch mal beim nächsten Trotzanfall Ihres Kindes zu denken: „Reptiliengehirn-Alarm! Mein Kind hat gerade keinen Zugang mehr zu seiner Vernunft."

Das kann helfen, sich bewusst zu machen: Was mein Kind hier gerade veranstaltet, ist extrem nervig und aus meiner Sicht völlig übertrieben und unvernünftig. Doch genau da liegt die Ursache für sein Verhalten: Sein Vernunfts-Gehirn, das noch sehr wenig entwickelt ist, hat gerade mal wieder einen Aussetzer bzw. wird vom viel stärkeren Gefühls-Gehirn unterdrückt. Mein Kind braucht jetzt keine Strafe, sondern Verständnis.

Daniel Siegel und Tina Bryson erklären, wie Eltern bei einem solchen „Gehirnaussetzer" reagieren sollten: Weil das obere Gehirn, also die Vernunft, gerade ohnehin nicht ansprechbar ist, ist es nicht sinnvoll, das Kind durch Argumente oder kluge Worte erreichen zu wollen.

Zuerst muss Kontakt zum unteren Gehirn aufgenommen werden, welches gerade tobt und Beruhigung braucht. Versuchen Sie das durch zärtliche Berührungen und ruhiges Sprechen mit tiefer, freundlicher Stimme.

Manchmal wollen Kinder inmitten eines Wutanfalls auch nicht berührt werden. Dann bleiben Sie einfach in der Nähe Ihres Kindes, vermeiden Sie, dass es sich oder andere verletzt, und signalisieren Sie: „Ich bin da und nehme dich gern in den Arm, sobald du bereit bist."

Warten Sie einfach still, atmen Sie tief ein und aus, damit Sie selbst möglichst entspannt sind.

Wenn der Gefühlssturm sich dann ein wenig gelegt hat, ist auch der Zugang zur oberen Gehirnhälfte wieder frei. Sie können Ihrem Kind erklären, warum Sie jetzt gehen müssen oder warum Sie seinen Wunsch nicht erfüllen können. Manchmal ist es aber auch besser, den Anlass des Trotzanfalls nicht noch einmal zu thematisieren, sondern mit dem weiterzumachen, wobei man gerade unterbrochen wurde.

Wie Kleinkinder die Welt erleben

Kleinkinder haben einfach eine ganz andere Logik als wir Erwachsene. Zusammenhänge und Begründungen, die für uns völlig selbstverständlich sind, sehen sie noch nicht. Der amerikanische Erziehungsexperte L. R. Knost verdeutlicht dies in einem erheiternden und zugleich sehr inspirierenden fiktiven Dialog. Zwei Kleinkinder sitzen im Sandkasten und unterhalten sich[17]:

Kleinkind 1: Du siehst ein bisschen aufgebracht aus, Kumpel. Hattest du einen harten Tag?

Kleinkind 2: Hart ist noch untertrieben! Ich liebe meine Mami wahnsinnig doll, aber ehrlich, sie hat keine Ahnung, wie man teilt. Ich hab vorhin nur eine Kleinigkeit aus ihrem Portemonnaie genommen und da ist sie gleich ausgerastet! Nahm es mir weg und rief: „Mein" und so weiter. Und das auch noch mitten im Geschäft! So was von peinlich. Jeder starrte mich an und rollte mit den Augen. Ich hab mich echt wie ein totaler Vollidiot gefühlt.

Kleinkind 1: Ich weiß, was du meinst! Ich hab genau das gleiche Problem. Und meine Mama mischt sich dazu auch noch in alles ein! Zum Beispiel hab ich ein Knäckebrot unter dem Sofa versteckt, damit ich für später noch einen kleinen Snack habe, und sie schmeißt es einfach in den Mülleimer! Wer macht denn bitte schön so was?

Kleinkind 2: Das findest du schon schlimm? Dann hör mir mal zu: Ich sitze ganz gemütlich auf dem Boden und hänge einfach ein bisschen mit meinen Spielsachen ab. Da zieht sie mich plötzlich hoch, trägt mich weg und setzt mich in den Hochstuhl, ohne jede Vorwarnung. Und ich habe nicht mal Hunger! Dann regt sie sich tierisch auf, nur weil ich ein paar Versuche mit dem Essen mache. Aber es ist doch echt

---

17. L. R. Knost: The Gentle Parent. Positive, Practical, Effective Discipline, Little Hearts Books, S. 22 f., freie Übersetzung der Autoren

spannend, dass das Zeug manchmal direkt runterfällt und manchmal gegen die Wand klatscht. Ich vermute, es hat etwas mit der Konsistenz des Essens und mit der Flugbahn, in der ich es werfe, zu tun. Also, das ist jedenfalls bisher meine Arbeitshypothese.

Kleinkind 1: Cool! Sag mir Bescheid, sobald du mehr darüber herausfindest! Was mich betrifft, so kann ich zu Hause leider kein einziges Projekt zu Ende bringen. Kein Scherz, ehrlich! Ich hab den ganzen Morgen lang dafür gebraucht, um diesen hervorragenden Turm zu bauen. Kumpel, den hättest du sehen müssen! Er war sagenhaft! Aber kaum laufe ich für eine Sekunde oder so weg, kippt sie das ganze Ding in die Spielzeugkiste! Die Arbeit eines ganzen Vormittags – völlig umsonst. Ich weiß nicht, warum ich mir überhaupt solche Mühe gebe.

Kleinkind 2: Sehe ich ganz genauso! Und was soll dieses neue „Time-out"-Zeug, das meine Mami plötzlich total toll findet? Ich rege mich ein ganz klein bisschen auf über irgendetwas, und genau dann, wenn ich ein bisschen Kuscheln und Zuwendung brauche, verbannt sie mich auf diesen Stuhl und lässt mich alleine. Glaubt sie etwa, dieser Stuhl könnte mich in den Arm nehmen? Ganz ehrlich?

Kleinkind 1: Das ist so was von daneben. Wie findest du eigentlich diese ganze Töpfchen-Training-Angelegenheit? Sie will, dass ich mein Geschäft in eine Plastikschüssel mache. Voll krass – aus diesen Dingern essen wir doch! Echt, man muss sich manchmal wirklich fragen, was in deren Köpfen vor sich geht.

Kleinkind 2: Sei froh, dass du nicht an meiner Stelle bist: Meine Mami setzt mich immer wieder auf diese große weiße Vorrichtung, wo Wasser drin ist. Ich fürchte immer, ich könnte ertrinken! Und du solltest mal sehen, was passiert, wenn sie diesen Knopf oben drückt. Ich sag nur: „Strudel des Todes!"

Kleinkind 1: Nicht cool, Kumpel, überhaupt nicht cool! Musst du auch schon mit Wutanfällen fertigwerden? Meine Mama hat eine

Laune, das kannst du dir nicht vorstellen! Sobald sie mal ihren Willen nicht bekommt, sollte man sich schleunigst in Sicherheit bringen! Sie kreischt herum, fuchtelt mit ihren Armen und stampft auf den Boden. Und ich sage es echt ungern, aber sie hat tatsächlich angefangen zu schlagen. Als wenn das irgendetwas besser machen würde. Ich habe keine Ahnung, wie ich mit diesen Aggressionsproblemen umgehen soll! Warum können die Erwachsenen nicht einfach so vernünftig sein wie wir?

Kleinkind 2: Ich vermute, es ist ein Kommunikationsproblem. Ich meine, sie fangen gerade erst ein winziges bisschen an, uns zu verstehen, wenn wir mit ihnen sprechen. Deshalb versuche ich, etwas nachsichtig zu sein, wenn meine Mami frustriert ist. Ich bleibe einfach nahe bei ihr, vielleicht klopfe ich ein wenig ihren Arm oder biete ihr ein Spielzeug an. Manchmal beruhigt sie sich dann ein bisschen und lächelt wieder, aber manchmal braucht sie auch noch etwas Zeit. Ich bleibe trotzdem präsent, damit sie weiß, dass ich immer für sie da bin.

Kleinkind 1: Ich fürchte, da bist du auf dem Holzweg, Kumpel. Du musst weggehen – geh einfach weg und lass sie machen. Wenn du sie tröstest, wird sie erwarten, dass du ihr hilfst, ihre Emotionen zu regulieren, und sie wird immer abhängiger von dir werden, glaub mir! Sobald sie ausflippt, musst du sie dazu zwingen, sich selbst zu kontrollieren! Und wenn sie dann bereit ist, vernünftig zuzuhören, könnt ihr wieder Freunde sein.

Kleinkind 2: Ich weiß nicht. Meine Mami will einfach nicht zuhören. Ich kann dir nicht sagen, wie oft ich sie bitten muss, mit mir zu spielen, bis sie endlich mal von ihrem eigenen Spielzeug aufschaut. Wieso haben Eltern nur so viel Interesse an diesen Medien? Und dann sagt sie nur: „Einen Moment noch, Schatz." Was genau ist eigentlich ein Moment?

Kleinkind 1: „Einen Moment noch!" bedeutet: „Das hier ist wichti-

ger als du!", Kumpel. Komm, sieh es ein: Du musst dafür sorgen, dass sie dir Aufmerksamkeit schenkt! Schrei los. Wirf etwas weg. Beiß die Katze – was auch immer nötig ist! Lass sie nicht damit durchkommen, dich so respektlos zu behandeln, sonst wird sie dich nie beachten!

Kleinkind 2: Einverstanden. Übrigens, wie gehst du mit Schlafproblemen um? Ich verkrafte einfach nicht noch eine schlaflose Nacht! Ihretwegen liege ich stundenlang wach – jede, aber auch wirklich jede Nacht! Es fängt super an, Badezeit, Buch lesen und kuscheln, aber dann haut meine Mami einfach ab, als wäre ich irgendein Spielzeug, das man ausschalten kann, wenn es dunkel ist. Und, Mann, es ist so was von dunkel! Ich weiß nicht, was da genau in meinem Schrank wohnt, aber es ist gigantisch!

Kleinkind 1: Schlaftraining, Kumpel – das ist die einzige Lösung. Wenn sie das Licht ausmachen und die Tür schließen, folgst du ihnen. Aber wirklich jedes Mal. Oder, wenn du zu viel Angst hast (kann ich voll verstehen), fang einfach an zu schreien und hör nicht mehr auf. Wenn du nicht schlafen kannst, sorg dafür, dass sie es auch nicht können! Und gib nicht auf. Nicht ein einziges Mal. Wenn du sie ein Mal damit durchkommen lässt, kriegst du nie wieder Schlaf! Sie müssen lernen, dass es ihre Pflicht ist, sich tagsüber und nachts um dich zu kümmern – auch wenn du nur eine Umarmung brauchst!

Kleinkind 2: Verstanden. Okay, da kommt sie. Ehrlich, hast du dieses Problem auch? Wir sind auf dem Spielplatz, alle haben Spaß. Und dann steht sie einfach auf und entscheidet, dass wir jetzt gehen. Ich glaube, sie hat irgendwelche sozialen Probleme. Ich denke ernsthaft darüber nach, sie testen zu lassen.

Kleinkind 1: Bei mir ist es genauso! Die Erwachsenen müssen lernen, dass es nicht immer nur um sie geht, und es ist unsere Aufgabe, ihnen das beizubringen. Schau, da kommt meine Mama auch schon. Sieh zu und lerne, Kumpel. Ich nutze heute die gekrümmte, wild um sich schlagende, wehklagende Variante. Tief einatmen und dann: „Nein! Nein! Neeeeiiin …“

Natürlich wissen wir nicht, wie Kleinkinder wirklich denken, und einige Gedankengänge in diesem Dialog sind wohl eher unwahrscheinlich. Doch wir finden diesen Dialog großartig, weil er verdeutlicht: Auch unseren Kindern muss – aus ihrer Logik heraus – vieles, was wir Erwachsenen tun, völlig unvernünftig und willkürlich erscheinen. Das hilft, die Wut unserer Kleinen ein wenig besser zu verstehen.

Kleine Tyrannen?

Selbstverständlich sollten Kinder nicht den Eindruck bekommen, durch Trotzanfälle ihre Eltern manipulieren zu können. Wenn Sie entschieden haben, dass Sie jetzt nach Hause gehen, dann sollte der Trotzanfall Ihres Kindes auf keinen Fall dazu führen, dass Sie doch noch bleiben. Zeigen Sie Verständnis für die Wut Ihres Kindes – aber bleiben Sie bei Ihrem Entschluss.

Sie sollten aber ruhig die Gefühle Ihres Kindes in Worte fassen und anerkennen. Auch mit Ihrer Mimik können Sie zeigen, dass Sie mitfühlen. Manchmal hilft es auch, die Aufmerksamkeit des Kindes unmittelbar auf etwas Erfreuliches zu lenken, z. B. *(mit bedauernder Stimme und Mimik)*: „Ich weiß, dass du sauer bist, weil du noch bleiben wolltest. Ich kann das gut verstehen – du hattest gerade so einen Spaß! *(Jetzt kommt das positive Fokussieren auf die nahe Zukunft – mit fröhlicher Stimme:)* Weißt du was? Zu Hause können wir einen Obstsalat machen und das neue Buch lesen, was hältst du davon?“

Bei jüngeren Kindern (meist unter zwei) hilft Ablenkung ebenfalls oft, um einen Trotzanfall zu begrenzen oder sogar ganz zu verhindern – z. B. mit einer Spieluhr oder einem Schüttelglas, das Glitzerstaub enthält.

Je älter Ihr Kind wird, desto besser können Sie mit ihm auch die Trotzanfälle reflektieren. Sie können ihm erklären, dass die Wut manchmal ganz stark wird und man lernen kann, besser damit umzugehen.

Gemeinsam mit dem Kind können Sie überlegen, wie es die Wut besser als bisher herauslassen kann – zum Beispiel mit einem kleinen weichen Wutball, den es quetschen kann, einem Kissen, in das es schlägt, oder indem es auf den Boden stampft. Kindgerechte Bücher wie „Jule darf auch mal wütend sein" sind dabei sehr hilfreich.

Um Trotzanfälle zu vermeiden, ist es außerdem wichtig, Veränderungen anzukündigen. Wenn Sie bald essen müssen, dann erklären Sie Ihrem Kind schon fünf Minuten vorher: „Du kannst jetzt noch fünf Minuten spielen, danach essen wir." So hat Ihr Kind die Möglichkeit, sich darauf einzustellen.

Wichtig ist, eine gute Balance zwischen dem Wunsch des Kindes nach Selbstbestimmung und den Notwendigkeiten, die der Alltag mit sich bringt, zu schaffen. Das bedeutet: Sagen Sie nur dann Nein, wenn es wirklich nötig ist. Manchmal ist es im Grunde kein Problem, noch fünf Minuten länger zu bleiben oder dem Kind zu erlauben, ein anderes Oberteil aus dem Schrank auszusuchen.

In solchen Situationen Nein zu sagen, nur um vermeintlich „konsequent" zu sein, ist letztlich überflüssiges Machtgehabe. Auf Dauer führt das nicht dazu, dass Kinder ihre Eltern respektieren. Stattdessen werden sie sie eher innerlich ablehnen, weil sie den Eindruck bekommen: „Meine Eltern nehmen meine Bedürfnisse nicht ernst."

In dem sehr empfehlenswerten Buch „Das gewünschteste Wunschkind aller Zeiten treibt mich in den Wahnsinn" von Danielle Graf und Katja Seide wird Folgendes erklärt: Babys und Kleinkinder sind oft noch gar nicht imstande, in ganzen Sätzen wie „Fass nicht die Herdplatte an!“ das Wort „nicht“ zu erfassen.

Besser ist es daher, stets positiv zu formulieren, z. B.: „Die Platte ist heiß! Nimm deine Hand da weg!“

Wir finden das sehr spannend, weil es zeigt, wie vieles Kleinkinder noch missverstehen, weil sie die Sprache gerade erst erlernen. Diese Sprachbarriere ist eine wichtige Ursache für Trotz – und eine, an der weder Eltern noch Kinder schuld sind.

Eltern-Wut

Wenn Kleinkinder trotzen, ruft das bei uns Eltern oft eine Art „Gegen-Trotz“ hervor. Wir meinen, unser Kind respektiere uns nicht, und wir müssten zeigen, „wer hier das Sagen hat“.

„Die Kinder testen ihre Grenzen aus“ oder: „Sie wollen schauen, wer der Stärkere ist“, deutet der Volksmund trotziges Verhalten. Dahinter steckt ein Bild von Kindern als machthungrige, hinterlistige Wutzwerge, deren größtes Ziel es ist, ihren Eltern das Leben schwer zu machen.

Das entspricht jedoch nicht der Realität, denn Kleinkinder flippen nicht aus, um ihre Eltern zu ärgern oder um etwas „auszutesten“. Sie können noch gar nicht abstrakt genug denken, um sich so etwas zu überlegen. Nein, Kinder sind ebenso wie Eltern an einem harmonischen Zusammenleben interessiert und wollen ihren Eltern keineswegs etwas Böses.

Aber sie können unsere Erwachsenen-Logik oft nicht nachvollziehen. Und wenn sie eine Situation nicht verstehen, werden sie von Frust und Wut überflutet, weil ihr Gefühls-Gehirn die Kontrolle über das Vernunfts-Gehirn übernimmt.

Wichtig ist daher auch, an unserer eigenen Reaktion auf Trotz zu arbeiten. Wenn wir wütend werden, unterstellen wir unserem Kind oft böse Absichten, die es gar nicht hat. Und hören auf die Stimmen einer veralteten, kinderfeindlichen Pädagogik, von der unsere Eltern und Großeltern geprägt waren.

Deshalb sollten wir nach Wegen suchen, wie wir uns selbst beruhigen können. Auf diese Weise sind wir auch ein gutes Vorbild in Sachen Gefühlskontrolle für unser kleines Wutmonster.

Wir haben ja schon beschrieben, dass wir manchmal, wenn es zeitlich nicht zu knapp ist, unserer Tochter noch Zeit verschaffen. Wenn sie sich nicht anziehen lassen will, sagen wir: „Okay, dann ziehe ich mich zuerst an, aber danach bist du dran, ja?" Und oft klappt das auch. So vermitteln wir ihr: „Wir nehmen dich ernst und wo immer es geht, nehmen wir Rücksicht. Aber manches muss einfach sein."

Und weil manches eben einfach sein *muss*, sehen wir in manchen Fällen auch keine andere Option, als sie einfach zu schnappen und wegzutragen oder sie anzuziehen, obwohl sie dagegen protestiert. Zum Beispiel, wenn sie sich trotz Zeitaufschub immer noch nicht anziehen lassen will. Oder wenn wir es einfach sehr eilig haben und nicht länger warten können.

Sooft es aber geht, versuchen wir Kompromisse zu finden oder unliebsame Pflichten angenehmer zu gestalten. So hilft es manchmal, wenn unsere Tochter auch unsere Zähne putzen darf, während wir ihre Zähne putzen. Und unser Sohn durfte in diesem Alter jeden Morgen einen Sticker aufkleben, wenn er sich am Abend davor ohne Theater in sein Bett bringen ließ.

Von Belohnungen und Strafen

Damit wären wir auch schon beim nächsten Thema: Belohnungen und Strafen als Erziehungsmittel. Je mehr Ihr Kind dem Babyalter entwächst, desto häufiger werden Sie sich entscheiden müssen, wie Sie es erziehen wollen.

Und wenn über diese Frage zu wenig gesprochen wird, kann sie auch zu Unstimmigkeiten in der Paarbeziehung führen. Denn wir sind alle geprägt davon, wie wir selbst als Kinder erzogen wurden. Daher setzen wir einiges einfach als „normal" voraus, was der andere womöglich völlig daneben findet.

Deshalb ist es wichtig, sich Gedanken darüber zu machen, was man unter „Erziehung" versteht und wie man bestimmte Aspekte handhaben will – zwei wichtige Themen sind dabei Strafen und Belohnungen.

Was ist falsch am „Gut gemacht"?

Beginnen wir mit den Belohnungen, von denen wir gerade in Bezug auf Kleinkinder sprachen. Da Kleinkinder noch wenig über vernünftige Argumente (z.B. die Gefahr von Karies, falls wir unsere Zähne nicht häufig genug putzen) erreichbar sind, halten wir hier den Einsatz von Belohnungssystemen für durchaus gerechtfertigt.

Natürlich nicht für alles – das würde dem Kind den falschen Eindruck vermitteln, dass jede Anstrengung belohnt werden muss. Aber bestimmte Aufgaben oder Pflichten, die Ihrem Kleinkind schwerfallen, können durchaus mit Belohnungen erleichtert werden. Denn Studien zeigen, dass Belohnungen von außen die eigene, innere Motivation des Kindes stärken.

Je älter Ihr Kind wird, desto weniger sollten Sie aber auf Belohnungen setzen. Und von Geburt an sollten Sie zurückhaltend sein mit Lob wie „Gut gemacht!" und sich stattdessen angewöhnen, Lob durch Ermutigung zu ersetzen.

Was bitte soll denn falsch sein am Lob? Und was ist der Unterschied zwischen Lob und Ermutigung?

Beginnen wir mit der ersten Frage. Mary Budd Rove, eine Forscherin der Universität Florida, fand heraus, dass Schüler, die ausgiebig gelobt wurden, Antworten unsicherer und oft in einem fragenden Tonfall formulierten („Äh, sieben?"). Sie neigten dazu, eigene Vorschläge rasch aufzugeben, sobald ein Erwachsener nicht ihrer Meinung war. Außerdem hatten sie weniger Durchhaltevermögen bei der Auseinandersetzung mit anspruchsvollen Aufgaben und teilten ihre Einfälle seltener mit anderen Schülern.[18] Häufiges Loben birgt zudem die Gefahr, dass Kinder manches nur noch tun, weil sie gelobt werden wollen – nicht mehr weil sie die Tätigkeit selbst als wichtig ansehen:

„In einer beunruhigenden Studie, durchgeführt von Joan Grusec an der Universität von Toronto, hatten Kinder, die häufig dafür gelobt wurden, großzügig zu sein, die Tendenz, im täglichen Leben weniger großzügig zu sein als andere Kinder. Jedes Mal, wenn sie ein ‚*Gut geteilt!*' oder ein ‚*Ich bin so stolz auf dich, dass du hilfst!*' hörten, wurden sie weniger daran interessiert, zu teilen oder zu helfen. Diese Tätigkeiten wurden nicht mehr in sich selbst als etwas Wertvolles angesehen, sondern als etwas, das wieder gemacht werden musste, um diese Reaktion von Erwachsenen zu erhalten. Großzügigkeit wurde Mittel zum Zweck."[19]

Zudem fanden Forscher Hinweise darauf, dass Kinder in etwas, wofür sie gelobt wurden, hinterher weniger erfolgreich waren – ein Grund dafür ist wohl der Druck, weiter gut zu bleiben, um wieder gelobt zu werden.[20]

Was also ist die Alternative? Um diese Frage zu beantworten, sollten wir uns überlegen, was Kinder sich wünschen, wenn sie uns ein selbst gemaltes Bild oder einen gerade gebauten Turm zeigen. Im Grunde das Gleiche wie wir, wenn wir einem anderen Menschen

18. https://www.arbor-verlag.de/fuenf-gruende-gegen-%E2%80%9Egut-gemacht
19. ebd.
20. ebd.

etwas präsentieren, worauf wir stolz sind: Aufmerksamkeit, Interesse, Anteilnahme.

Da ist ein „Oh, du hast ja einen Turm gebaut, zeig mal. Der hat aber viele Farben!“ oder „Ah, du hast gemalt. Das möchte ich gern mal sehen. Wie hast du denn diese Farbe gemischt?“ doch viel konkreter als ein „Toll gemacht!“.

Auch ein Hinweis auf die positiven Folgen des Verhaltens ist eine gute Ermutigung, zum Beispiel: „Sieh mal, wie dein kleiner Bruder lächelt. Er freut sich, dass du ihm geholfen hat“, oder: „Danke, dass du mir geholfen hast! So hat das Putzen viel mehr Spaß gemacht!“

Eine weitere ermutigende Alternative zum Loben ist das Mitfreuen. Wenn zum Beispiel ein Kind zum ersten Mal die Rutsche allein hochgeklettert ist, können die Eltern statt einem „Super“ auch folgendermaßen reagieren: „Juhu, du hast es allein geschafft! Ich freue mich!“

Es ist auch ermutigend, nicht in erster Linie das Ergebnis, sondern die Bemühung bzw. den Prozess zu betonen. Wenn ein Kind eine Zwei in Mathe nach Hause bringt, könnte sein Vater ihm anerkennend auf die Schulter klopfen: „Wow, da hast du dich bestimmt gefreut! Du hast ja auch echt sehr fleißig gelernt!“

Oder wenn ein Kind etwas gebastelt hat, könnte seine Mutter statt einem „Sehr schön!“ fragen: „Oh, das habt ihr heute in der Kita gemacht? Hat das Spaß gemacht?“

Wenn wir mal darüber nachdenken, wird uns klar: Auch als Erwachsene freuen wir uns doch viel mehr über eine solch konkrete Wertschätzung als über ein allgemeines, nichtssagendes Lob wie „Sehr gut“.

Strafe muss sein?

Dieser Spruch ist eng verbunden mit den Erziehungsvorstellungen vieler Menschen. Wir haben es einfach so gelernt: Strafe muss sein, damit Kinder lernen, wie das Leben funktioniert. Doch stimmt das eigentlich wirklich?

Wenn von Strafen die Rede ist, ist meist auch der Begriff „Disziplin“ nicht weit. Und Disziplin ist an und für sich nichts Schlechtes. Die Bedeutung des Wortes ist „Lehre“ – wir wollen unsere Kinder also etwas über das Leben, über richtiges und zielführendes Verhalten lehren.

Das passt auch zu Siegels und Brysons Ansatz der gehirnfreundlichen Erziehung: Wir wollen unsere Kinder lehren, mehr und mehr das untere mit dem oberen Gehirn zu verbinden und nicht länger rein instinktiv und gefühlsgesteuert zu handeln.

Dabei müssen wir uns bewusst machen, dass stetige Rückschläge völlig normal sind – einfach weil das untere Gehirn noch dominanter ist und „vernünftigem“ Verhalten immer wieder einen Strich durch die Rechnung macht.

Behalten wir stets im Hinterkopf, was unser Ziel ist: unseren Kindern etwas beibringen und sie darin fördern, ihr oberes Gehirn zu aktivieren.

Strafen sind, oberflächlich gesehen, ein gutes Mittel, um Kindern zu zeigen: Was du da gerade gemacht hast, war falsch. Doch sowohl die Praxis als auch die Forschung zeigen, dass Strafen letztlich wenig wirksam sind. Jesper Juul nennt dazu ein treffendes Praxisbeispiel:

„Es gab da mal eine Szene mit einem Zweijährigen, der eine kleine Schwester bekommen hatte und ihr gegenüber aggressiv wurde. Nach zweimal Time-out ging dieser Junge zu seiner Schwester, machte genau, was er nicht durfte, und ging dann von allein ins

Badezimmer – zum Time-out. Der hatte gelernt, wenn er sein Time-out nimmt, kann er's ja machen."[21]

Strafen führen also oft dazu, dass Kinder das, was wir ihnen eigentlich beibringen wollen, eben *nicht* lernen. Weil die Strafe für sie unangenehm ist und sie wütend oder traurig macht, sind sie mit ihren eigenen Gefühlen und Reaktionen auf die Strafe beschäftigt. Dadurch sind sie zu abgelenkt, um zu begreifen, warum ihr Verhalten falsch war.

Alfie Kohn nennt in seinem Buch „Liebe und Eigenständigkeit" weitere negative Aspekte von Strafen: Bestrafte Kinder fühlen sich gedemütigt, was Wut und Rachegefühle auslöst. Auch die Beziehung zu den Eltern, die mal liebevoll und freundlich sind und dann wieder absichtlich Leid zufügen, wird belastet.

„Die Lektion, die wir im Sinn hatten, als wir die Kinder bestraften (‚Tu X nicht noch einmal'), lernen Kinder vielleicht und vielleicht auch nicht. Doch ganz gewiss lernen sie, dass die wichtigsten Menschen in ihrem Leben, ihre Vorbilder, Probleme zu lösen versuchen, indem sie Macht anwenden, um den anderen unglücklich zu machen, damit er gezwungen ist zu kapitulieren."[22]

Je älter unsere Kinder werden, desto mehr Freiräume und Tricks haben sie, sich unseren Strafen zu entziehen. D. h. Strafen verlieren mit der Zeit ihre Macht und Wirkung.

Strafen bewirken in der Regel nicht, dass ein Kind wirklich einsieht, dass sein Verhalten falsch war. Meist führen sie nur zu Wut und dazu, dass das Kind das bestrafte Verhalten in Zukunft besser verheimlicht. Es hat dann nicht gelernt, dass sein Verhalten falsch war, sondern dass es sein Verhalten besser vor den Eltern verstecken muss.

---

21. http://www.zeit.de/2010/09/Jesper-Juul/seite-4

22. https://www.arbor-verlag.de/%E2%80%9Edas-ist-nicht-fair-ihr-seid-so-gemein%E2%80%9C

Strafen schwächen das moralische Verhalten von Kindern: Wir meinen oft, wir müssten strafen, damit Kinder sozialer handeln.

Doch das Gegenteil ist der Fall: Je mehr wir strafen (und loben!), desto mehr konzentrieren sich die Kinder auf die Folgen, die ihr Verhalten für sie selbst hat: Welche Strafe riskiere ich, wenn ich zuschlage? Werden meine Eltern mich loben, wenn ich jetzt meiner Schwester helfe?

Sie wägen also zunehmend den eigenen Nutzen bzw. Schaden ab, statt ihre Moral zu entwickeln und zu lernen, sich in andere hineinzuversetzen und Rücksicht auf sie zu nehmen.

Leider haben wir von diesen Zusammenhängen erst erfahren, als Lias etwa fünf Jahre alt war. Bis dahin dachten wir auch immer wieder, ohne Strafen „machtlos" zu sein. Wir kamen aber ins Grübeln, als Lias auf Kommentare wie „Lias, lass das sein!" nur noch mit der Frage: „Sonst darf ich heute *was* nicht?" antwortete.

Da dämmerte uns: Strafen sind allerhöchstens eine Symptombekämpfung. Sie führen meist nicht dazu, dass das Kind wirklich lernt, warum es etwas nicht tun soll. Strafen können maximal bewirken, dass das Verhalten aus Angst vor der Strafe unterlassen wird – und selbst das klappt häufig nicht, wie wir feststellen mussten.

Auch erzwungene Entschuldigungen sehen wir skeptisch. Wenn Eltern einem Kleinkind auftragen: „Jetzt entschuldige dich bei Anna" – wie hoch ist dann die Wahrscheinlichkeit, dass diese Entschuldigung aufrichtig ist? Ihr Kind lernt so höchstwahrscheinlich nicht den Wert ehrlicher Entschuldigungen, sondern vielmehr den Gebrauch von „Es tut mir leid" als reine Höflichkeitsfloskel.

Stattdessen sollten Sie lieber die Empathie Ihres Kindes fördern, indem Sie ihm mit einer ausdruckskräftigen Mimik signalisieren, dass sein Verhalten das andere Kind traurig gemacht oder ihm wehgetan hat.

Wenn ein Schaden entstanden ist, zum Beispiel ein Turm zerstört wurde, ist es außerdem sinnvoll, diesen mit Ihrem Kind wieder aufzubauen.

Konsequenzen als Alternative?

In heutigen Erziehungsratgebern ist statt von Strafen oft von Konsequenzen die Rede, wobei zwischen „natürlichen“ und „logischen“ Konsequenzen unterschieden wird.

Eine „natürliche“ Konsequenz ist etwas, das ganz automatisch, ohne elterliches Zutun, auf das Verhalten des Kindes folgt. Ein Beispiel: Das Kind will seine Mütze nicht mitnehmen – die natürliche Konsequenz: Ihm ist kalt und die Ohren schmerzen. Einige Fachleute raten Eltern, diese natürlichen Konsequenzen als Erziehungsmittel zu nutzen.

Wir sehen das zwiespältig und sind der Meinung, dass das auch sehr vom Alter des Kindes abhängt. Es wäre gemein, ein fünfjähriges Kind frieren zu lassen, nur weil es keine Mütze mitnehmen wollte – es ist einfach noch nicht reif genug, um wirklich zu überblicken, wie unangenehm der Ausflug ohne Mütze sein wird. Oder Karies zu riskieren, weil ein zweijähriges Kind den Sinn vom Zähneputzen noch nicht begreift – das wäre grausam.

Wenn dagegen ein zehnjähriges Kind sich immer wieder weigert, Vokabeln zu lernen, kann es durchaus angemessen sein, es einfach mal „laufen zu lassen“ und eine Fünf im nächsten Vokabeltest in Kauf zu nehmen.

Dann aber bitte ohne schadenfrohes Grinsen oder ein besserwisserisches „Ich habs dir ja gesagt!“. Das würde beim Kind nur Trotz provozieren und eher verhindern, dass es aus seinem Verhalten lernt. Denn dadurch würden wir einen Machtkampf andeuten, den das Kind natürlich nicht verlieren will.

Reagieren Sie stattdessen freundlich und empathisch: „O Mensch, eine Fünf. Wie ärgerlich." Je weniger Sie Ihr Kind belehren, desto offener wird es sein, selbst aus diesem Erlebnis zu lernen und Sie positiv zu überraschen.

Logische Konsequenzen sind Folgen, die nicht automatisch eintreten, aber doch in einem logischen Zusammenhang zu dem Verhalten des Kindes stehen. Wenn ein Kind immer wieder andere Kinder schubst und tritt, dann kann es eine logische Konsequenz sein, dass die Eltern beschließen: „Du, offenbar klappt das heute nicht. Ich habe dir schon zweimal deutlich gesagt, dass du den anderen Kindern nicht wehtun darfst. Deshalb müssen wir jetzt leider gehen, um die anderen Kinder zu schützen."

Oder wenn ein Kind grob mit Büchern aus der Bücherei umgeht und trotz Ermahnung nicht besser aufpasst, kann erst einmal nichts mehr aus der Bücherei ausgeliehen werden. Sonst müssen wir immer Strafe bezahlen und das wird zu teuer.

Solche Konsequenzen können notwendig sein, Sie sollten aber als Eltern möglichst sparsam damit umgehen.

Zunächst sollten Sie immer versuchen, Ihrem Kind ohne Strafen oder Drohungen ruhig, aber entschlossen zu erklären, weshalb sein Verhalten nicht in Ordnung ist und was Sie von ihm erwarten.

Versuchen Sie dabei, lösungsorientiert vorzugehen: Nicht Ihr Kind ist der Feind, sondern das Problem, gegen das Sie sich gemeinsam verbünden. Erklären Sie Ihrem Kind das Problem und versuchen Sie dann gemeinsam eine Lösung zu finden. Das kann auch schon bei Kleinkindern funktionieren – zwar werden die Lösungsvorschläge dann eher von Ihnen kommen, aber auch das ist ein Anfang.

Wenn Sie eine gute Beziehung zu Ihrem Kind haben, ist ihm Ihre Meinung ohnehin wichtig – auch wenn Kinder manchmal so tun, als sei das Gegenteil der Fall. Im Grunde haben Kinder aber immer den Wunsch, ihren Eltern zu gefallen.

Deshalb sind Strafen nicht nur schädlich, sondern sogar unnötig. In den meisten Fällen reicht eine klare – nicht verletzende, aber deutliche – Ansage darüber, was Sie von dem jeweiligen Fehltritt halten und was Sie stattdessen von Ihrem Kind erwarten. Allerdings kann es durchaus sein, dass mehrere Ansagen nötig sind – Kinder verfügen nämlich über keine so gute Impulskontrolle wie wir Erwachsenen. Das bedeutet, es fällt ihnen schwerer, den Impuls, etwas zu tun (z. B. jemanden zu treten), zu unterdrücken, auch wenn sie genau wissen, dass es falsch ist. Es ist daher normal, dass Kinder oft lange brauchen, bis sie gelernt haben, ein bestimmtes Fehlverhalten zu unterlassen. Aber in der Regel klappt das mit Strafen nicht besser.

Körperliche Gewalt – ein absolutes No-Go!

Leider finden sich auch heute noch aktuelle Erziehungsratgeber auf dem Markt – oft übersetzt aus den USA, wo das Schlagen von Kindern nicht verboten ist –, die körperliche Strafen als legitimes Erziehungsmittel ansehen.

Davor möchten wir deutlich warnen – auch vor einem Klaps auf die Finger eines Kleinkindes oder ähnlichen scheinbar „harmlosen" Varianten. Jegliches absichtliche Zufügen von Schmerzen (und sei es auch nur wenig Schmerz) steht im absoluten Gegensatz zu dem Vertrauen, das Kinder in uns Eltern setzen.

Das deutsche Gesetz schreibt ganz klar das Recht von Kindern auf eine Erziehung ohne jegliche Gewalt vor. Dazu gehört auch ein Klaps. Und das ist richtig so, denn:

> Wenn die Eltern einen Klaps geben oder anders körperlich bestrafen, vermitteln sie die Botschaft: Gewalt ist ein legitimes

Mittel, um Konflikte zu lösen. Studien belegen, dass Kinder, die mit körperlichen Strafen erzogen wurden, aggressiver sind als Gleichaltrige, die ohne Gewalt erzogen wurden.[23]

Geschlagen zu werden, weckt früher oder später einen Vergeltungswunsch: Das Kind erlebt sich als den Schwächeren, der gedemütigt wird, und wartet auf den Tag, an dem es selbst der Stärkere sein kann (Machtkampf).

Jegliches absichtliches Zufügen von Schmerzen bedeutet einen Vertrauensbruch: Eltern sind eigentlich die „Guten", die das Kind vor Negativem beschützen – und plötzlich fügen sie gewollt Schmerzen zu! Das gilt auch für einen kaum schmerzenden Klaps, denn die Absicht zählt.

Wer sein Kind mit Gewalt erzieht, lehrt es das Recht des Stärkeren.

„Die einzige Lehre, die das Kind erhält, ist, dass es richtig ist, einem schwächeren Wesen Leid zuzufügen, wenn es einen ärgert. Es gibt keine harmlosen Ohrfeigen und Klapse, beide Formen der Gewaltanwendung bedeuten eine Demütigung, einen Missbrauch der Macht, und schädigen das gesunde Selbstwertgefühl des Kindes, das wie jeder Mensch das Recht auf das Respektieren seiner Würde hat."[24]

---

23. https://www.welt.de/gesundheit/psychologie/article127537905/Wie-geschlagene-Kinder-aggressiver-werden.html

24. http://www.rabeneltern.org/index.php/wissenswertes/elternsein-wissenswertes/1242-warum-es-keinen-harmlosen-klaps-gibt

Wir möchten damit niemanden verurteilen. Auch wir haben im Affekt schon einmal härter zugepackt, als es gut gewesen wäre. Und es kann einfach passieren, dass Eltern emotional so überfordert sind, dass sie Gewalt anwenden – obwohl sie das nie wollten. Das macht sie nicht zu schlechten Eltern.

Die Frage ist, wie man solch ein Verhalten bewertet. Wenn so etwas passiert, gilt es, sich bei dem Kind zu entschuldigen und zu erklären, dass das überhaupt nicht in Ordnung war und nie wieder vorkommen soll. Das ist etwas ganz anderes, als wenn man solche Erziehungsmittel im Sinne von „Das hast du verdient, so, wie du dich benommen hast!" rechtfertigt.

Gewalt ist also nie harmlos, auch nicht in Form eines „kleinen Klapses". Und wir brauchen sie auch nicht, um unsere Kinder zu erziehen.

Celebrate your marriage – Wir haben schon einiges geschafft!

In dieser Phase wird manches leichter, weil viele Kinder besser schlafen als im ersten Lebensjahr und sich auch öfter mal für kurze Zeit allein beschäftigen können. Doch ein beträchtlicher Teil der Kleinkinder hat zumindest phasenweise immer mal wieder Schlafprobleme und die (häufigen) Trotzanfälle zerren ebenfalls an den Nerven der Eltern.

Viele Eltern fühlen sich in dieser Zeit besonders erschöpft, weil ihre Ressourcen nach ein bis zwei Jahren Schlafmangel und 24-Stunden-Job als Versorger eines noch ziemlich unberechenbaren Wesens allmählich aufgebraucht sind. Das kann sich auch in Gereiztheit gegenüber dem Partner und in Streitereien äußern. Machen Sie sich deshalb immer wieder bewusst, wie viel Sie seit der Geburt Ihres Kindes geleistet haben, und versuchen Sie die zunehmende Selbstständigkeit Ihres Kindes für Erholungspausen zu nutzen. Planen Sie ein Paarwochenende, sobald Ihr Kind nicht mehr gestillt wird.

Wichtig ist dafür natürlich, dass Ihr Kind die Betreuungsperson vorher möglichst oft treffen kann, damit es Vertrauen zu ihr aufbaut und Sie mit gutem Gewissen die freie Zeit genießen können.

Wenn längere Auszeiten zu zweit noch schwierig sind, dann suchen Sie nach kürzeren Alternativen. Und erwägen Sie, auch mal getrennt wegzufahren. Es kann sehr erholsam sein, mal ganz allein ein bis zwei Nächte außer Haus zu sein und einfach Ruhe und Kraft zu tanken.

Nutzen Sie Eheabende oder andere Paarzeiten ebenfalls, um ganz bewusst zu feiern, was Sie bereits gemeistert haben. Ein befreundetes Paar erhielt von einem älteren Herrn zur Hochzeit einen Picknickkorb mit den Worten: „You have to celebrate your marriage!" Zunächst wussten sie mit diesem Geschenk nicht so recht etwas anzufangen und verstanden den Spruch nicht.

Jetzt, nach vielen Ehejahren, haben sie begriffen, was das Geschenk bedeutet, und wissen den Rat des Freundes zu schätzen: Es ist wichtig, als Paar nicht immer nur über Probleme, Herausforderungen und notwendige Veränderungen zu sprechen. Manchmal sollte man sich auch einfach gemeinsam zurücklehnen und mit Stolz und Dankbarkeit auf den bereits gemeinsam zurückgelegten Weg blicken.

Reflektieren Sie miteinander das vergangene Jahr (oder eine andere Zeitspanne, die Ihnen gerade passend erscheint). Sprechen Sie über das, was Sie bereits gemeinsam geschafft haben. Staunen Sie darüber, wie viele Hürden Sie schon als Paar genommen haben. Danken Sie Ihrem Partner für das, womit er Ihnen in der letzten Zeit geholfen und Freude bereitet hat. Vielleicht bei einem leckeren Essen oder einem kleinen Ausflug.

Viele Paare finden Erinnerungsalben inspirierend, zum Beispiel „Du und ich. Ein Erinnerungsalbum für zwei“ von Joachim Groh oder „Was ich an dir liebe“ von Alexandra Reinwarth.

Führen Sie sich vor Augen, wie wertvoll es ist, dass Sie beide einander kennengelernt haben. Feiern Sie einfach das, was Sie aneinander haben.

Vielleicht möchten Sie in diesem Zusammenhang ja mal unser Ehe-Quiz ausprobieren?

Ehe-Quiz allgemein

Sie benötigen 38 kleine Zettel, auf die Sie die Zahlen von 1 bis 38 schreiben und die Sie dann mit der unbeschriebenen Seite nach oben hinlegen. Abwechselnd zieht jeder von Ihnen einen Zettel und beantwortet die dazugehörige Frage aus der unten stehenden Liste. Ihr Partner darf, nachdem Sie dran waren, selbst Stellung nehmen und erklären, wie er die Frage für sich selbst beantwortet hätte.

Wenn Sie mögen, kann Ihr Partner dann auch die gleiche Frage für Sie beantworten, und Sie äußern sich ebenfalls dazu. Sie können die bereits besprochenen Zettel zur Seite legen und mit den übrigen an einem anderen Tag fortfahren.

Es geht bei diesem Spiel nicht darum zu gewinnen oder zu verlieren – denn gewinnen werden Sie auf jeden Fall beide, wenn Sie die Fragen als Impulse betrachten, einander besser kennenzulernen und sich (wieder) näherzukommen.

1. Was ist das Peinlichste, das Ihrem Partner je passiert ist?
2. Was hat Ihr Partner als Kind gern im Fernsehen angeschaut?
3. Welche Musik mochte Ihr Partner in seiner Jugend?
4. Was ist das Lieblingsbuch Ihres Partners?
5. Was ist der Lieblingsfilm Ihres Partners?
6. Welchen Lehrer/welche Lehrerin mochte Ihr Partner in seiner Schulzeit sehr gern?
7. Welchen Lehrer/welche Lehrerin fand Ihr Partner in seiner Schulzeit besonders schlimm?
8. Was war in der Schulzeit das Lieblingsfach Ihres Partners?
9. In wen war Ihr Partner in seiner Jugend verliebt?
10. Welche Frage würde Ihr Partner gern Gott stellen?
11. Was betrachtet Ihr Partner als schlimmstes Erlebnis oder schlimmste Zeit seines Lebens?
12. Was betrachtet Ihr Partner als schönstes Erlebnis oder schönste Zeit seines Lebens?
13. Wohin würde Ihr Partner gern mal reisen?
14. Was ist das Lieblingstier Ihres Partners?
15. Wovor hat Ihr Partner besonders Angst?
16. Was ist das Lieblingsessen Ihres Partners?
17. Hatte Ihr Partner als Kind einen Spitznamen? Wenn ja, welchen?
18. Was hat Ihren Partner als Kind an seinen Eltern gestört?
19. Wofür ist Ihr Partner seinen Eltern dankbar?
20. Welche Farbe mag Ihr Partner gern?

21. Was findet Ihr Partner an Ihnen besonders schön?
22. Wovor hatte Ihr Partner als Kind Angst?
23. Was hat Ihr Partner als Kind in seiner Freizeit am liebsten gemacht?
24. Wer waren die besten Freunde Ihres Partners in seiner Kindheit?
25. Welche Menschen würde Ihr Partner als Vorbilder betrachten?
26. Was findet Ihr Partner schlimmer – Hitze oder Kälte?
27. Welche besonderen Stärken hat Ihr Partner?
28. Wie zeigt Ihr Partner seine Zuneigung?
29. Welche Sprache würde Ihr Partner wählen, wenn er wie durch ein Wunder über Nacht eine neue Sprache sprechen könnte?
30. Mit welcher berühmten Persönlichkeit würde sich Ihr Partner gern mal unterhalten?
31. Was würde Ihr Partner machen, wenn er eine Million Euro gewinnen würde?
32. Was würde Ihr Partner machen, wenn er nur noch einen Tag zu leben hätte?
33. Was wollte Ihr Partner werden, als er klein war?
34. Was kann Ihr Partner besser als Sie?
35. Welches Musikinstrument würde Ihr Partner gern mal lernen?
36. Wollte Ihr Partner schon immer Kinder haben?
37. Könnte Ihr Partner sich vorstellen, im Ausland zu leben? Wenn ja, wo?
38. Was würde Ihr Partner gern politisch ändern, wenn er könnte?

Ehe-Quiz aktuell

Diese Fragen eignen sich dazu, um einander alle zwei bis drei Monate bewusst auf den aktuellen Stand zu bringen. Sie lassen sich natürlich auch auf mehrere Tage aufteilen.

1. Was belastet Ihren Partner zurzeit oder was fordert ihn heraus?
2. Welche Veränderung wünscht sich Ihr Partner aktuell?
3. Wie zufrieden ist Ihr Partner zurzeit mit Ihrem Sexleben, auf einer Skala von 1–5 (1: sehr unzufrieden, 5: vollkommen zufrieden)? Welche Veränderungen würde er sich wünschen?
4. Wie zufrieden ist Ihr Partner zurzeit mit seiner Gesundheit und Fitness, auf einer Skala von 1–5?
5. Welche Menschen sind für Ihren Partner gerade anstrengend?
6. Was macht Ihren Partner gerade glücklich?
7. Was ist für Ihren Partner gerade schwierig/herausfordernd/belastend?
8. Hat Ihr Partner in letzter Zeit etwas Konkretes gelernt/herausgefunden? Wenn ja, was?
9. Welche Musik mag Ihr Partner zurzeit sehr gern?
10. Wenn Ihr Partner für eine Woche nur mit Ihnen verreisen könnte – welches Ziel würde er wählen?
11. Wie nah fühlt sich Ihr Partner Ihnen gerade, auf einer Skala von 1–5?
12. Wofür hätte Ihr Partner gern mehr Zeit?
13. Welche politischen oder spirituellen Themen interessieren Ihren Partner zurzeit?

14. Welche Eigenschaft braucht Ihr Partner, um die momentanen Herausforderungen gut zu bewältigen (z. B. Geduld, Beharrlichkeit, Zuversicht, Gelassenheit …)?
15. Was ist zurzeit die größte Angst Ihres Partners?
16. Was wünscht sich Ihr Partner für die Zukunft?
17. Welche Menschen sind zurzeit besonders prägend für Ihren Partner?
18. Was könnte Ihrem Partner momentan helfen, um sich ausgeglichener und zufriedener zu fühlen?
19. Wenn Ihr Partner einen freien Tag geschenkt bekommen würde – wie würde er diesen nutzen?

Was Ihr Kind jetzt braucht

Kleine Feinschmecker gut ernähren

Im zweiten Lebensjahr essen Kinder immer mehr bei den Familienmahlzeiten mit. Doch worauf sollte man achten, damit die Ernährung möglichst gesund ist?

Gemüse und Obst sollten täglich auf dem Speiseplan stehen. Offiziell werden zwei Portionen Obst und drei Portionen Gemüse empfohlen, wobei eine Portion in etwa dem entspricht, was in zwei (Kinder-)Hände passt.

Nicht alle Kinder lieben Möhrchen und Brokkoli, doch es gibt ein paar Tricks, wie man ihnen die gesunden Snacks schmackhafter machen kann: z. B. ein paarmal pro Woche einen Beeren-Smoothie mit etwas Spinat oder lustige Gesichter auf dem Teller aus kleinen Möhrenstücken, Tomaten, Gurke oder Paprika. Auch Suppen aus püriertem Gemüse und Kartoffeln, gegebenenfalls auch Zwiebeln, mögen viele Kinder gern.

Tendenziell essen viele Familien eher zu wenig Gemüse, während beim Obst auch manchmal übertrieben wird. Da Obst viel Fruchtzucker enthält, ist hier ein Übermaß nicht empfehlenswert. Deshalb sollten Sie darauf achten, dass Ihr Kind nicht regelmäßig mehr als zwei Portionen (zwei bis vier Kinderhände voll) am Tag isst. Kaufen Sie, wenn möglich, Bio-Produkte, um die Schadstoffbelastung gering zu halten.

Bei Getreideprodukten sollten Sie sich häufig für Vollkornprodukte entscheiden, da diese mehr Nährstoffe enthalten. Der Blutzuckerspiegel schwankt nach deren Verzehr nicht so stark, wie wenn man Backwaren aus Weißmehl isst – dadurch können Kinder sich besser konzentrieren und sind ausgeglichener. Geeignet sind Brote aus fein gemahlenem Vollkorn.

Auch Hafer ist sehr gesund – Brote aus Hafer, gemischt mit Dinkel(vollkorn)mehl oder Buchweizenmehl, lassen sich problemlos selbst backen. Und versuchen Sie statt weißen Nudeln doch mal Vollkornnudeln oder Nudeln aus roten Linsen!

Umstritten ist der Stellenwert von Milchprodukten in der Ernährung. Milch enthält viele wertvolle Bestandteile wie Vitamin D und Calcium, sollte aber auch nicht in übertriebenen Mengen konsumiert werden. Gerade in den ersten zwei Lebensjahren sollten Eltern mit Kuhmilchprodukten sehr zurückhaltend sein, weil der Eiweißgehalt für die Kleinen sehr hoch ist und zu viel Milch die Eisenaufnahme stören kann. Wir würden im zweiten Lebensjahr möglichst noch zu spezieller Kindermilch greifen und Käse, Quark, Joghurt, etc. nur in kleinen Mengen geben. Um den zweiten Geburtstag herum darf es dann auch etwas mehr Kuhmilch sein – ca. 300 Gramm Kuhmilchprodukte am Tag sind dann in Ordnung. Dabei sollten Sie berücksichtigen, wie viele Lebensmittel zu den Milchprodukten zählen: neben Milch und Kakao auch Käse, Joghurt, Quark, Eis u. a. Kaufen Sie möglichst Bio-Milch oder Milch von einem Hof, wo viel Wert auf tiergerechte Haltung und wenig Antibiotika-Einsatz gelegt wird, da auf konventionellen Höfen oft zu viel Antibiotikum eingesetzt wird, was gefährliche Resistenzen fördert. Damit die Menge an Milch nicht zu hoch wird, kann man auch mal zu Milchalternativen greifen: Kakao, Smoothies, Milchshakes und Müslis schmecken beispielsweise auch mit Hafermilch toll.

Eine rein vegane Ernährung ist für Kinder eher riskant, da sie oft zu Mangelzuständen in Bezug auf wichtige Vitamine und Vitalstoffe, u. a. Vitamin B_{12}, führt.

Vegetarische Ernährung ist möglich, jedoch müssen Sie als Eltern dann für alternative Eisenquellen sorgen: z. B. Hirse, Hafer, roher Fenchel, Pfirsich, Aprikose, Linsen, Kichererbsen. Da der Körper pflanzliches Eisen schlechter verwerten kann als tierisches, sollten Sie auf die Kombination der Lebensmittel achten: Vitamin C, z. B. in Obst, fördert die Eisenverwertung, während Milchprodukte, Eier, Tee, Kaffee, Getreideprodukte, Kleie, Soja und Nüsse die Aufnahme von Eisen hemmen.

Es kann also durchaus kompliziert sein, ganz ohne Fleisch für genügend Eisen zu sorgen. Wir bevorzugen daher eine fleischarme Ernährung: Ein- bis zweimal die Woche Bio-Fleisch, möglichst zumindest einmal davon Rindfleisch, ist eine gute und zuverlässige Quelle für Eisen und Vitamin B_{12}. Zusätzlich essen wir einmal pro Woche Fisch.

Ein kontroverses Thema bei uns – und, wie wir wissen, auch in vielen anderen Familien – sind Süßigkeiten. Während früher das Fett als großer Übeltäter dargestellt wurde, werden heute die Gefahren des Zuckers immer bekannter. Ein zu hoher Zuckerkonsum hat viele negative Folgen: Karies, Übergewicht, Konzentrationsprobleme, Diabetes u. a.

Die Empfehlung der Weltgesundheitsorganisation für die tägliche Maximalmenge beträgt 25 g am Tag. Da Zucker auch in Joghurts, Ketchup, Milch- oder Rosinenbrötchen und anderen Lebensmitteln enthalten ist, ist diese Menge schnell erreicht.

Achten Sie beim Einkauf auf den Zuckergehalt und auch auf Ersatzstoffe und versteckte Zucker wie Glukose, Fruktose, Dextrose, Saccharose, Maltodextrin, Karamellsirup, Maltosesirup, Süßmolkenpulver oder Süßstoffe.

Suchen Sie nach Alternativen – z. B. passierte Tomaten statt Ketchup, selbst gemischter Joghurt aus Naturjoghurt und zuckerfreiem Apfelmus oder einer kleinen Menge Fruchtjoghurt.

Erklären Sie Ihrem Kind, warum Zucker nur in Maßen verzehrt werden sollte. Für den Blutzuckerspiegel ist es übrigens besser, Süßigkeiten mit größeren Mahlzeiten zu kombinieren (also zum Beispiel als Nachtisch), als zwischendurch zu naschen. Säfte sollten Familien nur ausnahmsweise zu Hause haben, denn auch reine Fruchtsäfte enthalten viel Zucker.

Rezept für eine schnell selbst gemachte, gesunde Süßigkeit:
Zartbitterschokolade (70 %) schmelzen, Banane in Stückchen schneiden und mit Zartbitterschokolade, Zimt und evtl. ein paar Walnuss-Stückchen garnieren.

Sonne, Luft und Bewegung

Ein Vitalstoff, den wir durch die Ernährung nur begrenzt bekommen können, ist das „Sonnenvitamin" Vitamin D. Die meisten Nahrungsmittel enthalten davon nur sehr wenig. Und auch wenn Kinder viel draußen spielen, reicht der Sonnenschein in unseren Breitengraden im Herbst und Winter nicht, um den Körper mit genügend Vitamin D zu versorgen.

Das hat fatale Folgen: Ein Großteil der Bevölkerung leidet inzwischen an einem Vitamin-D-Mangel – ein Problem, das ernst genommen werden sollte, da Vitamin D sehr wichtig für die Knochen und das Immunsystem ist. Gerade zwischen Oktober und März empfehlen deshalb immer mehr Kinderärzte allen Kindern und Jugendlichen die Einnahme von Vitamin D.

Versuchen Sie aber trotzdem, zumindest einmal täglich mit Ihrem Kind an die frische Luft zu gehen. Denn das Tageslicht und der Temperaturunterschied leisten einen unverzichtbaren Beitrag für das Immunsystem.

Achten Sie auch auf ausreichend Bewegung – draußen, auf dem Spielplatz oder auch durch kleine Tänze, Fangspiele oder Turnübungen im Haus. Wichtig ist dabei nicht, dass Kleinkinder Übungen oder Spiele „richtig" machen, sondern dass sie Spaß an der Bewegung haben.

Wenn Ihr Kind noch keine Kita besucht, sorgen Sie für andere Möglichkeiten der Begegnung mit anderen Kindern: Eltern-Kind-Turnen, Musikgruppen oder ähnliche Angebote sind eine tolle Möglichkeit, um Ihrem Kind soziale Kontakte zu ermöglichen und sich selbst mit anderen Eltern auszutauschen.

Seien Sie im Krankheitsfall zurückhaltend mit Antibiotika: Manche Ärzte verschreiben diese immer noch blind bei einem Infekt, obwohl sie nur bei bakteriellen Infekten wirken. Die meisten Infekte werden aber durch Viren ausgelöst, die sich mit Antibiotika nicht bekämpfen lassen.

Erkundigen Sie sich daher, ob ein Antibiotikum wirklich nötig ist, da es außer den Krankheitserregern auch die guten Bakterien in der Darmflora Ihres Kindes angreift und den Körper dadurch schwächt.

Gesunder Umgang mit Medien

Wir empfehlen Ihnen, Fernsehen und Computer auch in diesem Alter noch sehr sparsam einzusetzen. Ab zwei bis drei Jahren können kurze, kindgerechte Videos wie Leo Lausemaus, Sandmännchen, Caillou oder Kikaninchen angeschaut werden. Die tägliche Fernsehzeit sollte aber 20 Minuten nicht übersteigen.

Achten Sie auf die Reaktion Ihres Kindes und auf seine Laune nach dem Fernsehen – viele Kleinkinder sind auch schon nach 15 bis 20 Minuten überreizt. Deshalb ist es empfehlenswert, mit kurzen Zeiten von 5 bis 10 Minuten zu beginnen. Manchen Kleinkindern ist selbst das noch zu viel, was sich in schlechtem Schlaf oder schlechter Laune bemerkbar machen kann. In diesem Fall gehen Sie lieber einen Schritt zurück und verzichten auf das Fernsehen.

Wichtig ist, dass Sie anfangs beim Fernsehen selbst mit dabei sind, damit Sie überprüfen können, ob die Sendungen Elemente enthalten, die Ihr Kind erschrecken. Das kann auch in scheinbar ganz harmlosen Formaten passieren, zum Beispiel wenn eine Figur sich gruselig verkleidet und Spaß macht, was ein Kleinkind aber oft nicht versteht und dann ängstlich reagiert.

Bleiben Sie immer in der Nähe und lassen Sie Ihr Kind nur Videos allein ansehen, die Sie zuvor schon mindestens einmal mit angeschaut haben. Achten Sie auf einen ausreichenden Abstand zwischen Fernsehen und Schlafenszeit, da viele Kinder nach dem Fernsehen nicht gut schlafen.

Was hingegen nie zu viel werden kann, ist das Lesen. Das gemeinsame Entdecken von Büchern ist zugleich spannend und beruhigend und fördert außerdem die Sprachentwicklung. Geeignet für diese Altersphase sind zum Beispiel „Die Geschichte vom verlorenen Schaf“ von Anita Schalk und „Wie kleine Tiere schlafen gehen“ oder „Die Eule mit der Beule“, beides vom Oetinger-Verlag.

Töpfchentraining

Das Wichtigste zu diesem Thema zuerst: Bloß kein Stress! Viele Kleinkinder zeigen zwischen anderthalb und zwei Jahren erstes Interesse an Toilettengängen. Gehen Sie ruhig darauf ein, indem Sie Ihr Kind mal auf die Toilette (am besten mit einem Kinderaufsatz) und/oder das Töpfchen setzen.

Erwarten Sie dabei jedoch nicht, dass das sofort klappt – es kann Wochen dauern, bis das erste Mal etwas „passiert". Und auch dann sind die Kleinen meist noch weit davon entfernt, die Entleerung von Harn und Stuhl zuverlässig kontrollieren zu können.

Wenn Ihr Kind aber gern auf das Töpfchen oder die Toilette geht, können Sie zwischendurch immer mal wieder windelfreie Zeiten einschieben (möglichst auch ohne Hose, wenn es nicht zu kalt ist). Das Töpfchen sollte natürlich stets greifbar sein. Erklären Sie Ihrem Kind immer wieder, dass es sich, wenn es „Pipi" oder „Aa" muss, schnell daraufsetzen soll, und freuen Sie sich deutlich, wenn das geklappt hat.

Achten Sie in den windelfreien Zeiten auf alle Anzeichen Ihres Kindes, dass es zur Toilette muss. Falls etwas danebengeht, schimpfen Sie aber nicht, sondern erklären Sie freundlich, dass Ihr Kind eben beim nächsten Mal versuchen soll, aufs Töpfchen zu gehen.

Sie sollten damit rechnen, dass solche kleinen Malheurs in nächster Zeit immer wieder passieren werden. Die meisten Kleinkinder erreichen nämlich erst nach dem dritten Geburtstag zunehmend zuverlässige Kontrolle über den Toilettengang.

Hat Ihr Kind aber offensichtlich noch kein Interesse oder fühlt sich überfordert, sollten Sie das Töpfchentraining um ein paar Wochen oder Monate verschieben. Das Sauberwerden ist ein Prozess, der viel Zeit und Geduld erfordert. Unter Druck fällt Kindern dieser Lernprozess nur noch schwerer.

Um den dritten Geburtstag herum sollten Sie das Thema dann etwas stärker fokussieren, indem Sie Ihr Kind möglichst oft tagsüber ohne Windel herumlaufen lassen und es auch immer mal wieder auf das Töpfchen hinweisen.

Nachts sollten Sie erst auf die Windel verzichten, wenn Ihr Kind tagsüber schon recht zuverlässig trocken ist. Sonst könnten Sie unnötige Schlafprobleme provozieren. Wenn Ihr Kind jedoch darauf besteht, lassen Sie es ruhig mal auf einen Versuch ankommen.

Geht der „in die Hose“, lachen Sie Ihr Kind keineswegs aus oder schimpfen Sie, sondern erklären Sie ganz freundlich: „Nachts ist es viel schwieriger, ohne Windel zurechtzukommen. Wir warten noch ein bisschen damit.“

Doktorspiele & Co.

Kleinkinder entdecken voller Neugier die Welt – und machen dabei auch vor ihrem eigenen Körper nicht halt. Deshalb geraten Sie nicht in Panik, wenn Ihr Sohn öffentlich stolz seinen Penis präsentiert oder Ihre Tochter sich zwischen den Beinen streichelt: Dieses Verhalten stellt eine ganz natürliche Phase der Entwicklung dar und legt sich meist von selbst wieder.

Natürlich können Sie Ihrem Kind erklären, dass solche Dinge etwas für zu Hause sind, wenn keine anderen Leute zuschauen. Doch Kleinkindern fällt es wegen ihrer Impulsivität oft noch sehr schwer, sich an solche Regeln zu halten.

Auch Doktorspiele, bei denen Kleinkinder sich gegenseitig, auch nackt, „untersuchen“, bereiten vielen Eltern Kopfzerbrechen. Sie entspringen der kindlichen Neugierde und sind grundsätzlich unproblematisch, solange bestimmte Regeln eingehalten werden:

Wichtig ist, dass kein Kind verletzt wird, dass also keine Gegenstände in Körperöffnungen eingeführt oder andere riskante „Untersuchungen" vorgenommen werden. Außerdem darf keines der beteiligten Kinder zu etwas überredet oder gar gezwungen werden, das es nicht will.

Das ist ohnehin eine wichtige Botschaft für Ihr Kind: Ich muss es akzeptieren, wenn andere etwas nicht wollen. Und genauso darf mich auch niemand berühren, wenn ich das nicht will! Daher sollten Sie Ihr Kind übrigens auch nicht drängen, „der lieben Tante" einen Kuss zu geben. Und natürlich muss Ihr Kind wissen, dass es niemals mit Fremden mitgehen darf.

Auch wenn der Altersunterschied zwischen den Kindern groß ist oder eines der Kinder den anderen körperlich stark überlegen ist, ist Vorsicht geboten. Sobald Sie irgendwie den Eindruck haben, dass es Ihrem Kind mit dem Erlebten nicht gut geht, sollten Sie in ruhiger Atmosphäre mit ihm reden. Fragen Sie, ob es diese Spiele lieber nicht mehr machen möchte. Eventuell kann dann ein Verbot sinnvoll sein.

Eine kleine neue Welt – Eingewöhnung bei Tageseltern oder in der Kita

Viele Kinder werden zwischen dem ersten und dritten Geburtstag auch außer Haus betreut – bei Tageseltern oder in einer Kindertagesstätte.

Sicher fällt es Ihnen als Eltern nicht ganz leicht, Ihr Kind in die Obhut anderer Menschen zu geben, und auch für Ihr Kind bedeutet dies eine große Veränderung. Um in Ihrem Kind keine unnötigen Ängste hervorzurufen, sollte dieser Übergang möglichst sanft gestaltet werden.

Leider gibt es noch immer Tageseltern und Erzieherinnen, die der Meinung sind, „kurz und schmerzlos" sei die beste Variante, und

Ihnen deshalb empfehlen, Ihr Kind möglichst direkt abzugeben und zu gehen.

Davon möchten wir Ihnen jedoch ganz dringend abraten! Sie riskieren damit, dass Ihr Kind mit der neuen Betreuungssituation ein hohes Maß an Angst verbindet. Bereits Studien von 1989 zeigen[25]: Kinder, die nicht behutsam unter Begleitung eines Elternteils eingewöhnt wurden,

hatten viermal häufigere Fehlzeiten wegen Erkrankungen,

zeigten deutliche Verzögerung in ihrer kognitiven Entwicklung nach sechs Monaten,

wiesen deutlich häufiger Verhaltensprobleme und eine beeinträchtigte Bindung zur Mutter auf.

2002 wurde die Entwicklung von behutsam und abrupt eingewöhnten Kindern in einer Studie verglichen.[26] In den ersten 18 Tagen beobachteten die Forscher mehr Ausdruck von Stress und weniger positive Gefühle bei den behutsam eingewöhnten Kindern – also doch besser „kurz und schmerzlos"?

Doch der erste Eindruck täuschte: Drei Monate nach Beginn der Eingewöhnung zeigten die behutsam eingewöhnten Kinder mehr positive soziale Interaktionen, Heiterkeit, Selbstständigkeit, Koope-

---

25. Laewen, Hans-Joachim: Nichtlineare Effekte einer Beteiligung von Eltern am Eingewöhnungsprozeß von Krippenkindern : die Qualität der Mutter-Kind-Bindung als vermittelnder Faktor. In: Psychologie in Erziehung und Unterricht Jg. 36 (1989), H. 2, 102-108 : 2 Tab. ISSN 0342-183X

26. Beller, Kuno: Eingewöhnung in die Krippe. Online: http://liga-kind.de/fk-202-beller/, Stand: 10.5.2017.

ration und weniger Angst, Aggression und Unzufriedenheit als die schnell eingewöhnten Kinder.

Die Forscher deuten diese überraschenden Ergebnisse so: Die Kinder, die bei der Eingewöhnung von ihren Eltern begleitet wurden, konnten den Stress sofort aktiv verarbeiten. Die anderen Kinder hingegen fühlten sich ohne ihre Eltern gehemmt und mussten daher ihren Stress verdrängen. Äußerlich wirkten sie deshalb erst mal entspannter, doch der aufgestaute Stress führte nach ein paar Monaten zu vielen Problemen. (Das passt auch zu den häufigeren Fehlzeiten, denn Stress schwächt das Immunsystem.)

Es gibt Kinder, die ihre Trennungsängste wenig zeigen und sich scheinbar problemlos von ihren Eltern trennen. Die Wiener Krippenstudie[27] hat aber 2007 belegt, dass diese Kinder dennoch mindestens genauso lange eingewöhnt werden sollten wie die scheinbar ängstlicheren Kinder. Denn bei den „pflegeleichten" Kindern kamen die Trennungsängste dafür später zum Vorschein: Wurden sie sehr schnell eingewöhnt, zeigten sie oft nach einiger Zeit negative Verhaltensauffälligkeiten und Zeichen von Unwohlsein.

Viele Einrichtungen und Tageseltern orientieren sich an dem „Berliner Modell", welches vorsieht, dass Eltern ihre Kinder drei Tage begleiten und am vierten Tag einen ersten Trennungsversuch unternehmen. Allerdings handelt es sich bei diesen ersten drei Tagen nicht um volle Arbeitstage, sondern man besucht die jeweilige Einrichtung nur für ein bis zwei Stunden.

Einige Fachleute setzen inzwischen mehr auf das „Münchner Modell", welches vorsieht, dass die erste Trennung frühestens nach

27. Datler, W., Hover-Reisner, N., Fürstaller, M.: Zur Qualität von Eingewöhnung als Thema der Transitionsforschung. Theoretische Grundlagen und forschungsmethodische Gesichtspunkte unter besonderer Bezugnahme auf die Wiener Krippenstudie. In: Becker-Stoll, F., Berkic, J., Kalicki, B. (Hrsg.): Bildungsqualität für Kinder in den ersten drei Jahren. Cornelsen: Berlin, 2010, 158-167

sechs Tagen stattfindet. Wenn das Kind mit der ersten Trennung gut zurechtgekommen ist (kein Weinen oder nur sehr kurzes Weinen), können hier jedoch die Abwesenheitszeiten der Eltern rascher gesteigert werden als nach dem Berliner Modell.

Gerade für kleinere Kinder bis zu zwei Jahren halten wir das Münchner Modell tendenziell für angemessener. Auch für ältere Kinder, die sensibler sind, können drei Tage in Begleitung zu kurz sein.

Die erste Trennung ist der wichtigste und für das Kind schwierigste Schritt während des gesamten Eingewöhnungsprozesses. Wenn dieser misslingt und das Kind sich verlassen fühlt, kann das die weitere Eingewöhnung erschweren und um Wochen verlängern und das Kind zutiefst verunsichern.

Deshalb ist unsere Empfehlung: Bleiben Sie lieber einen Tag zu viel als einen Tag zu wenig dabei. Sie brauchen nicht zu befürchten, dass Ihr Kind sich dadurch daran gewöhnt, dass Sie immer dabei sind, und dies dann dauerhaft erwartet. Kinder erleben immer wieder Veränderungen und kommen besser mit ihnen zurecht, wenn sie sich sicher und vertraut fühlen.

Wenn Sie überlegen, wann der richtige Zeitpunkt für den ersten Trennungsversuch sein könnte, achten Sie auf folgende Anzeichen Ihres Kindes:

Ihr Kind erkundet entspannt und fröhlich die Gegend, ohne ständig nach dem Elternteil Ausschau zu halten.

Ihr Kind kommuniziert mit Erzieherin/Tagesmutter/anderen Kindern.

Ihr Kind reagiert positiv auf die Fachkraft.

Ihr Kind wendet sich nicht nur an den Elternteil, wenn es Unterstützung braucht.

Ihr Kind lässt sich von Betreuern füttern/wickeln, beteiligt sich aktiv daran (nicht passiv, „eingefroren").

Ihr Kind spielt mit einer gewissen Ausdauer, kein ständiges, nervöses Wechseln der Aktivität.

Schleichen Sie sich auf keinen Fall heimlich fort – das würde das Vertrauen Ihres Kindes gefährden. Gestalten Sie den Abschied kurz und klar, aber liebevoll. Erklären Sie zum Beispiel: „Ich gehe kurz einkaufen, aber gleich hole ich dich wieder ab!"

Oft hilft es, wenn das Kind ein vertrautes Objekt wie ein Kuscheltier oder Schmusetuch bei sich behält. Sie können es auch bitten, „darauf aufzupassen" – dann kommt Ihr Kind in eine aktive Situation und hat eine Aufgabe, die ihm über den Trennungsschmerz hinweghelfen kann.

Wenn Ihr Kind weint, geben Sie der Betreuerin die Chance, es zu beruhigen. Bleiben Sie am ersten Tag höchstens 10 bis 20 Minuten fort. Sollte Ihr Kind sich in dieser Zeit gar nicht beruhigen lassen, sollte die Betreuerin Sie nach spätestens 5 bis 10 Minuten anrufen – besprechen Sie das vorher und bleiben Sie in der Nähe.

Falls Sie früher als geplant zurückkehren mussten, sollten Sie Ihr Kind am nächsten Tag wie gewohnt begleiten und eine Trennung möglichst erst wieder am darauffolgenden Tag versuchen. Hat die Trennung dagegen gut funktioniert, können Sie Ihre Abwesenheitszeiten Tag für Tag steigern.

Fragen an uns:

Wie fühlen wir uns gerade in unserer Elternrolle? Was erleben wir als herausfordernd, worüber freuen wir uns?

Wie habe ich als Kind Disziplin erlebt? Wie sind meine Eltern mit Strafen und Belohnungen umgegangen?

Wie kann ich mich selbst beruhigen, wenn mein Kind ausflippt? Bauchatmung, leise Selbstgespräche, progressive Muskelentspannung … Was hilft mir?

Wie entwickeln wir uns gerade als Paar? Was sollten wir im Auge behalten?

Zum Schmökern und Informieren:

- Danielle Graf und Katja Seide: Das gewünschteste Wunschkind aller Zeiten treibt mich in den Wahnsinn. Der entspannte Weg durch Trotzphasen, Beltz 2017
- Anna Wagenhoff: Jule darf auch mal wütend sein, Carlsen 2014
- Daniel Siegel und Tina Bryson: Achtsame Kommunikation mit Kindern. Zwölf revolutionäre Strategien aus der Hirnforschung für die gesunde Entwicklung Ihres Kindes, Arbor 2013
- Alfie Kohn: Liebe und Eigenständigkeit. Die Kunst bedingungsloser Elternschaft, jenseits von Belohnung und Bestrafung, Arbor 2010
- Joachim Groh (Hrsg.): Du und ich. Ein Erinnerungsbuch für zwei, Groh 2015

- Alexandra Reinwarth: Was ich an dir liebe – Mein Jahr mit dir. Ein außergewöhnliches Tagebuch, Riva 2016
- Anita Schalk: Die Geschichte vom verlorenen Schaf, SCM R. Brockhaus 2015
- Anne-Kristin zur Brügge: Wie kleine Tiere schlafen gehen, Oetinger 2013
- Susanne Weber: Die Eule mit der Beule, Oetinger 2013
- www.dajeb.de (Unter „Beratungsführer" können hier z. B. Erziehungsberatungsstellen vor Ort gesucht werden)

Gebet:

„Guter Gott, danke für alles, was unser Kind jetzt schon kann und was wir gemeinsam geschafft haben. Bitte hilf uns, einen guten Umgang mit Konflikten und Grenzen zu finden. Versorge uns mit Kraft und Geduld für den manchmal sehr anstrengenden Alltag mit unserem Kleinkind, und unterstütze uns dabei, uns auch als Paar nahe zu bleiben. Amen."

Viertes bis sechstes Lebensjahr – Schon so groß!

So liefs bei Melanie und Simon:

In diesem Alter schlief Lias endlich zuverlässig gut. Wir hatten Jahre des Schlafmangels hinter uns und konnten ein wenig aufatmen. Umso deutlicher spürten wir aber auch in dieser Zeit die Herausforderung, die das Elternsein für die Liebesbeziehung bedeutet. Wir hatten viel miteinander bewältigt, regelten einen vollen Alltag miteinander – dabei gleichzeitig Geliebte zu bleiben, mit Romantik und Begehren, war alles andere als einfach.

Daher nutzten wir die neue Freiheit dazu, uns immer mal wieder Wochenenden zu zweit zu gönnen und bewusst unsere Beziehung zu pflegen.

Als dann, als Lias knapp 4,5 Jahre alt war, Josephin unsere Familie bereicherte, war dies noch einmal eine deutliche Veränderung: Die Zeit war noch knapper, die Energie noch begrenzter.

Doch wir wussten aus der ersten Zeit mit Lias, was wir gemeinsam schaffen können. Und weil wir beide bewusst daran arbeiteten und offen über alles, auch intime Themen, sprachen, stellten wir fest: Auch wenn es phasenweise so wirken mag – langweilig wird es eigentlich nie. Sowohl emotional als auch körperlich kann eine Beziehung sich immer weiterentwickeln und man kann neue Seiten am anderen entdecken.

Wir beide: Manches wird einfacher, manches auch nicht

In dieser Zeit wird einiges einfacher. Die allermeisten Kinder besuchen nun, zumindest stundenweise, eine Kindertagesstätte, sodass beide Elternteile auch wieder „kindfreie" Zeiten haben, was durchaus wichtig ist. Oft geht dies auch mit Fragen der beruflichen (Neu-) Orientierung einher.

Wenn kein Geschwisterkind da ist, sind vielleicht beide Elternteile in dieser Zeit wieder (voll) berufstätig, und das kann sehr anstrengend sein. Häufig ist der Alltag so voll, dass es schwierig ist, einander als Partner überhaupt noch richtig wahrzunehmen.

Spätestens in diesem Alter können Sie Ihr Kind jedoch an einen Babysitter gewöhnen und Paar-Zeiten auch außer Haus genießen. Richten Sie, wenn möglich, auch etwas längere Auszeiten zu zweit ein, z.B. ein Wochenende im Hotel oder den Besuch eines Paar-Seminars. Das ist zwar alles nicht ganz billig, aber es handelt sich hierbei um eine wichtige und gute Investition in die Ehe und damit auch in die Familie. Ausgaben, die Ihrer Ehe zugutekommen, sind eine unheimlich gute Geldanlage!

Eine Freundin kommentierte einen Hotel-Urlaub als Paar mal so: „Das ist zwar teuer, aber immer noch deutlich günstiger als eine Scheidung." Paar-Zeiten sind kein dekadenter Luxus, sondern ein notwendiger Bestandteil der Beziehungspflege.

Obwohl durch die zunehmende Eigenständigkeit des Kindes

vieles unkomplizierter wird, kann es natürlich auch in dieser Zeit handfeste Krisen geben. Aber lassen Sie sich davon nicht entmutigen! Nehmen Sie jede Krise ernst, aber betrachten Sie sie auch als das, was sie ist: ein notwendiges Übel. Nichts, das man durch noch so gute Strategien umgehen könnte.

Eine Krise kommt einfach und muss durchgestanden werden. Doch wie Sie hinterher aus ihr herauskommen, darauf haben Sie durchaus Einfluss!

Wir betonen es gern noch einmal: Krisen sind ein unvermeidlicher Teil des Normalzustands. Das Auf und Ab, der Wechsel von guten und schlechten Phasen – genau das ist das Leben.

Und dass Sie dieses Leben mit all seinen Hürden und Unwägbarkeiten gemeinsam gestalten werden, sich durch Stromschnellen und Wasserfälle manövrieren, an Oasen rasten und durch stickige Wüsten wandern, ohne dabei die Hand des anderen loszulassen – genau das haben Sie sich gegenseitig versprochen, als Sie einander das Jawort gegeben haben. Kein Mensch kann sich mit Geschick oder Fleiß oder Freundlichkeit oder ganz viel Gebet an schweren Zeiten vorbeischleichen. Denn sie sind ein unvermeidlicher Teil dieses Lebens – unausweichlich.

Fragen Sie doch mal die Menschen um Sie herum: Sie werden feststellen, dass jeder sein Päckchen zu tragen hat. Und ebenso wird jede Ehe von Schwierigkeiten eingeholt. Als Sie einander den Ring ansteckten, versprachen Sie sich gegenseitig, miteinander zu kämpfen und auch in Stürmen an Ihrer Entscheidung füreinander festzuhalten.

Damit wollen wir nicht behaupten, dass es keine Situationen gäbe, die eine Scheidung rechtfertigen können. Körperliche oder psychische Gewalt, zerstörende Süchte und ähnliche Belastungen können dazu führen, dass eine Ehe nicht mehr aufrechterhalten werden kann.

Doch viele Scheidungen geschehen, weil Paare zu schnell aufgeben. Weil sie denken, dass das, was sie erleben, ein Zeichen für das Ende ihrer Liebe sei – während es in Wirklichkeit nur bedeutet, dass das Leben seinen Lauf nimmt und, ganz unausweichlich, Herausforderungen mit sich bringt. Erschöpfung, Verunsicherung, Frust, Überforderung – diese Gefühle überdecken immer wieder Gefühle von Romantik und Erotik. Aber wir sollten unsere Liebe nicht von Gefühlen abhängig machen. Manchmal ist es nötig, sich in der Liebe wieder auf frühere Entscheidungen zu besinnen und an ihnen festzuhalten. Und dann, plötzlich, sind die Gefühle wieder da – vielleicht anders, aber wertvoll und erfüllend.

Unterschiedliche Erziehungsvorstellungen

Nicht immer sind beide Elternteile einer Meinung, was bestimmte Erziehungsfragen angeht. Oft ist ein Elternteil strenger und wirft dem anderen vor, „zu weich" zu sein, während der andere den Partner als viel zu hart oder zu lieblos empfindet.

Tauschen Sie sich offen und möglichst ohne Vorwürfe und vorschnelle Bewertung über Ihre Wahrnehmung aus. Fragen Sie den anderen mit ehrlichem Interesse, warum er seinen Erziehungsstil für richtig hält. Überlegen Sie auch, woher Ihre eigenen Überzeugungen stammen und was mögliche Nachteile Ihres Erziehungsstils sein könnten.

„Bevor ich heiratete, hatte ich sechs Theorien über Kindererziehung. Jetzt habe ich sechs Kinder und keine Theorie", gab der englische Dichter John Wilmot, 2. Earl of Rochester, schon im 17. Jahrhundert zu.

Halten Sie sich vor Augen: Erziehung ist ein sehr komplexes Thema und es ist völlig normal, dass wir Menschen aufgrund eigener Prägungen unterschiedliche Vorstellungen davon entwickeln, welche Art von Erziehung erstrebenswert ist. Verurteilen Sie einander deshalb nicht für vermeintlich „falsches“ Verhalten, sondern tauschen Sie sich mit Offenheit und Neugier über Ihre Ansichten aus.

Oft lässt sich ein guter Mittelweg finden – manchmal aber auch nicht. Solange es sich dabei einfach um unterschiedliche Herangehensweisen handelt, sagen wir: Es lebe die Vielfalt!

Ihrem Kind schadet es nicht, wenn Mama und Papa manche Aspekte unterschiedlich handhaben. Sobald es alt genug ist, können Sie ihm auch erklären, dass Sie beide in diesem Bereich unterschiedliche Erfahrungen gesammelt haben und deshalb Mama *so* und Papa *so* handelt. Kindern kann dies sogar helfen, ihren Horizont zu erweitern und flexibel zu sein.

Wenn Differenzen jedoch so groß sind, dass sie immer wieder zu Streit führen, ist es sinnvoll, einmal eine neutrale Perspektive hinzuzuziehen. Scheuen Sie sich nicht, Erziehungsberatung in Anspruch zu nehmen. Ein Außenstehender kann helfen, die Konflikte zu reflektieren und Lösungen zu finden, auf die man selbst so schnell nicht gekommen wäre.

Was Ihr Kind jetzt braucht

Neue Ängste bewältigen

Kinder erleben ihren Alltag nun noch bewusster. In der Kita werden erste Freundschaftsbücher ausgetauscht, es gibt aber auch handfesten Streit oder Tränen am Morgen, weil das Kind lieber zu Hause bleiben möchte.

Viele Kinder leiden in diesem Alter unter Albträumen und Ängsten – zum Beispiel unter gelegentlichen Trennungsängsten von den Eltern oder der Furcht davor, abends allein im dunklen Zimmer zu liegen. Das hängt damit zusammen, dass ihre Fantasie noch intensiver und differenzierter wird und sie das, was sie erleben, bewusster reflektieren. Außerdem bekommen sie deutlich mehr mit, was in der Welt geschieht, und hören im Kindergarten vielleicht auch mal Geschichten, die ihnen Angst machen.

Sie können das Selbstbewusstsein Ihres Kindes stärken, indem Sie es ermutigen, offen über seine Ängste zu reden. Nehmen Sie sie ernst, anstatt sie gleich mit Aussagen wie „Das ist Quatsch" oder „So etwas kann gar nicht passieren" wegzufegen.

Bei Albträumen nützt es Kindern meist wenig, wenn Sie nur erklären, dass es keine Monster gibt. Das sollten Sie zwar durchaus sagen, jedoch reicht es meist nicht, da eine solche Aussage mitten in einem Traum wenig Wert hat.

Überlegen Sie deshalb auch, wie Ihr Kind in einem Traum selbst Hilfe holen könnte – zum Beispiel durch ein Monster-Abwehrschild, das Sie gemeinsam basteln und über dem Bett aufhängen, oder ein gebasteltes Telefon, das neben dem Bett liegt und das in Albträumen zu Ihrem Kind fliegt, damit es Sie anrufen kann.

Oder Sie nehmen eine Kiste, verzieren diese und nutzen Sie als „Gebetskiste". Alle Sorgen und Ängste können dann aufgemalt oder, mit Ihrer Hilfe, aufgeschrieben und Gott anvertraut werden. Sie können auch ein paar „Reserve"-Zettel auf dem Nachtisch liegen lassen, die Ihr Kind abends oder nachts knicken kann (als Zeichen, dass es diesen Zettel für sein Anliegen nutzt) und dann mit einem kurzen Gebet wie „Lieber Gott, bitte schenk mir Mut!" in die Kiste legt.

Lesen Sie gemeinsam Bücher, die den Selbstwert Ihres Kindes stärken und es im Umgang mit Ängsten oder Unsicherheiten unterstützen. Empfehlenswert sind zum Beispiel „Du bist einmalig" und „Denk daran: Ich hab dich lieb" von Max Lucado und „Alles wird gut" von Lysa TerKeurst.

Von Bienchen und Blümchen

In diesem Alter wollen viele Kinder genauer wissen, wie Babys entstehen. Fangen Sie bitte nicht mit Bienchen und Blümchen an – wenn ein Kind fragt, ist es auch alt genug, um die Antwort zu hören.

Deshalb erklären Sie Ihrem Kind wahrheitsgemäß und kurz, was passiert, zum Beispiel: „Wenn ein Mann und eine Frau sich sehr lieb haben, kuscheln sie auch gern. Und Erwachsene können auch so kuscheln, dass der Mann seinen Penis in die Scheide der Frau führt. Dann können sie besonders nah beieinander sein. Und dabei kann dann ein Baby entstehen, das im Bauch der Frau heranwächst. Wenn es groß genug ist, wird es geboren."

Wenn Ihr Kind danach keine weiteren Fragen stellt, ist es offenbar zufrieden. Sie können auch fragen: „Möchtest du dazu noch etwas wissen?"

Freundschaften und Moral

Unterstützen Sie Ihr Kind in seiner sozialen Entwicklung. Erklären Sie ihm, was es bedeutet, ein guter Freund zu sein, anderen zu vergeben und warum man niemanden ausschließen sollte.

Versuchen Sie dabei möglichst wenig Lektionen zu erteilen, sondern Ihr Kind stattdessen durch Fragen zu ermutigen, Antworten selbst zu finden. Wenn es beispielsweise einem anderen Kind verboten hat mitzuspielen, sagen Sie nicht gleich: „So etwas ist gemein, das macht man nicht!", sondern fragen Sie erst einmal, warum das andere Kind nicht mitspielen sollte.

Hören Sie mit ehrlichem Interesse zu, bevor Sie Ihr Kind auf die Gefühle des anderen Kindes aufmerksam machen, z. B. so: „Hm, ich verstehe, du wolltest lieber nur mit Niklas spielen. Was meinst du, wie hat Jana sich gefühlt, als ihr sie weggeschickt habt? Wie hättest du dich gefühlt, wenn du weggeschickt worden wärst?"

Machen Sie sich klar, dass das moralische Bewusstsein Ihres Kindes noch mitten in der Entwicklung ist. Es lernt gerade erst nach und nach, sich in andere Menschen hineinzuversetzen und zu begreifen, dass sie unterschiedliche Wünsche und Bedürfnisse haben können.

Rücksichtnahme und Kompromissbereitschaft entwickeln sich erst. Und auch Wut und Trotz können immer mal wieder die Oberhand gewinnen, weil nach wie vor das „Reptiliengehirn" gegenüber dem „Vernunftshirn" sehr dominant ist.

Sie können jetzt jedoch schon besser mit Ihrem Kind über Emotionen und Konflikte reden. Erklären Sie Ihre eigene Sichtweise in „Ich-Botschaften" – darauf werden wir gleich noch näher eingehen. Sagen Sie nicht einfach: „Das ist falsch, was du machst", sondern: „Es macht mich wütend, wenn du so mit den Spielsachen umgehst, weil …"

Wenn Ihr Kind lügt, nehmen Sie das bitte nicht persönlich. Kindern in diesem Alter fällt es oft noch schwer, zwischen Fantasie und Wahrheit zu unterscheiden. Wenn sie wissen, dass ihnen eine ehrliche Antwort Probleme einhandeln würde, kann es durchaus sein, dass sie, ohne es selbst zu merken, in den Bereich der Fantasie wechseln. Sie erschaffen sozusagen eine „bessere" Realität (z. B. „Ich war das nicht, das war Max") und glauben plötzlich selbst, das sei die Wahrheit.

Natürlich dürfen und sollen Sie Ihrem Kind vermitteln, dass Lügen nicht in Ordnung ist. Seien Sie dabei jedoch nicht zu streng, sondern weisen Sie es immer wieder klar, aber liebevoll darauf hin.

Kindgerechte Kommunikation

Manchmal haben wir Eltern das Gefühl, dass wir uns „den Mund fusselig reden" und trotzdem kaum etwas ankommt bei unserem Kind. Glücklicherweise gibt es viele wertvolle Strategien, um die Kommunikation zwischen Kindern und Eltern zu verbessern.

Ein absoluter Klassiker, den wir allen Eltern ans Herz legen wollen, ist „Familienkonferenz. Die Lösung von Konflikten zwischen Eltern und Kind" von Thomas Gordon. Auch für die Paar-Kommunikation ist Gordons Modell sehr hilfreich. Weil wir diesen Ansatz so wertvoll finden, möchten wir hier einige Grundzüge kurz vorstellen:

Gordon spricht von insgesamt zwölf „Kommunikationssperren" – Methoden, die wir oft anwenden, die aber einer erfolgreichen Kommunikation im Wege stehen. Dazu gehören nicht nur offensichtlich negative Vorgehensweisen wie Vorwürfemachen oder Drohen, sondern auch gut gemeinte wie Belehren, Beruhigen, Ablenken, Zustimmen oder Erklären.

Kommunikationssperren signalisieren dem Gegenüber, dass man ihm nicht zutraut, das Problem selbst zu lösen bzw. selbst Verantwortung für ein negatives Verhalten zu übernehmen. Gordon schlägt diverse hilfreiche Elemente der Kommunikation vor, u. a.:

Aktives Zuhören: Wir neigen dazu, sehr schnell zu kommentieren, zu bewerten, zu beraten oder anderweitig wertend auf das Gehörte zu reagieren. Besser ist es aber, erst einmal nur zuzuhören und dies durch eine zugewandte Körperhaltung, aufmerksamen Gesichtsausdruck und kurze bestätigende Laute wie „Ach so", „Mhm" zu zeigen. Wenn der Sprechende fertig ist, sollte der Zuhörer das, was er gehört hat, in eigenen Worten zusammenfassen – z. B.: „Du hast dich also mit Tom gestritten, weil ihr beide den großen Ritter spielen wolltet. Und jetzt bist du sauer auf Tom."

Dann sollte man nicht gleich mit einem Rat, einer Belehrung o. Ä. fortfahren, sondern dem Kind Zeit geben, selbst weiterzusprechen. Je nach Alter können Eltern auch ein wenig helfen, durch Fragen wie: „Hm, was könntest du denn jetzt machen?" So erhalten Kinder die Chance, selbst Lösungen zu finden – und die setzen sie meistens viel lieber um als vorgefertigte Antworten der Eltern.

Auf diese Weise werden Kinder kompetent im Umgang mit Problemen und erleben ihre Eltern als echte Begleiter statt als wertende Besserwisser. Es fällt ihnen dann leichter, sich ihnen anzuvertrauen.

Ich-Botschaften: Wenn Sie etwas kritisieren, dann erklären Sie dabei, welche Auswirkung das jeweilige Verhalten auf Sie selbst hat und was Sie selbst daran stört. Also statt: „Du machst einfach alles dreckig! Dich interessiert gar nicht, wie viel Arbeit das für mich bedeutet!“ lieber: „Ich bin müde, wenn ich von der Arbeit komme. Wenn du dann auch noch mit dreckigen Schuhen in das Wohnzimmer läufst, bin ich genervt, weil ich dann noch mehr Arbeit habe.“

Niederlagenlose Konfliktlösung: Gordon erklärt, wie Eltern und Kind Konflikte so lösen können, dass keiner sich hinterher als „Verlierer“ eines Machtkampfes fühlt. Dabei werden Eltern und Kinder zunächst das Problem definieren und dann Lösungsvorschläge sammeln, bewerten und eine Lösung festlegen, die für beide akzeptabel ist.

Adele Faber hat in ihrem Buch „So sag ich's meinem Kind“ viele Grundsätze aus Gordons Modell konkretisiert und ergänzt. So rät sie Eltern beispielsweise, im Rahmen des aktiven Zuhörens (auch passend bei Wut und Trotz) Emotionen des Kindes wertungslos anzuerkennen, z.B.: „Du klingst ziemlich traurig“ oder „Ich sehe, dass du wütend bist“.

Bei häufig wiederkehrenden Problemsituationen rät sie dazu, statt langen Aufforderungen oder Vorwürfen eher einzelne Worte zu benutzen, z. B. (freundlich, aber bestimmt): „Paul, deine Hausaufgaben!“ oder „Kinder, etwas leiser!“ oder „Pia, aufräumen!“.

Außerdem empfiehlt sie, Probleme erst einmal zu beschreiben („Ich muss arbeiten, aber ihr seid so laut, dass ich mich nicht konzentrieren kann“) und dann dem Kind die Chance zu geben, selbstverantwortlich zu reagieren.

Geschwisterliebe und Eifersucht

Wenn Sie zum zweiten Mal schwanger sind, bedeutet das für die ganze Familie eine große Veränderung. Ihr Erstgeborenes, das bis jetzt stets im Mittelpunkt stand, muss sich daran gewöhnen, die Aufmerksamkeit der Eltern mit einem zweiten Kind zu teilen – und das kann ganz schön schwierig sein! Sie können Ihrem großen Liebling aber auf vielerlei Weise helfen, diese Herausforderung gut zu bewältigen.

Erzählen Sie bereits während der Schwangerschaft, dass ein Baby in Mamas Bauch wächst. Und dass es aber noch lange dauern wird, bis es herauskommt, weil es erst noch größer werden muss. Lesen Sie kindgerechte Bücher zu diesem Thema vor, wie „Hallo Baby, wann kommst du?“. Für Kinder ab ca. vier Jahren eignet sich auch „Mama bekommt ein Baby“ von Achim Bröger.

Möglicherweise möchte Ihr Kind ja wissen, wie das Baby in den Bauch gekommen ist. Die Antwort sollten Sie vom Alter Ihres Kindes abhängig machen.

Für Kinder ab ca. drei Jahren können Sie die Zusammenhänge zum Beispiel so zusammenfassen: „Wenn ein Mann und eine Frau sich sehr lieb haben, dann kuscheln sie manchmal auch nackt miteinander. Der Mann kann dann auch seinen Penis vorsichtig in die Scheide der Frau stecken und dadurch kann ein Baby entstehen."

Meistens reicht das schon – wenn Ihr Kind mehr wissen will, wird es Sie fragen. Bei Kleinkindern unter drei Jahren kann auch eine Antwort wie „Wenn ein Mann und eine Frau sich sehr lieb haben, bekommen sie manchmal ein Baby" reichen.

Seien Sie allerdings lieber zurückhaltend mit Versprechungen wie: „Dann hast du immer jemanden zum Spielen!". Denn das könnte zu Enttäuschung führen, weil das Baby erst einmal nur herumliegt und schläft.

Erklären Sie Ihrem großen Kind stattdessen, was ein Baby anfangs kann und braucht. Bereiten Sie es sanft auf die schönen, aber auch die anstrengenden Seiten des Lebens mit einem Geschwisterkind vor – beispielsweise mithilfe von „Das Baby ist da! Was nun?" von Catherine Leblanc und „Wir sind jetzt vier!" von Sabine Cuno.

Wenn das Baby da ist, lesen Sie diese Bücher ebenfalls immer wieder, und versichern Sie Ihrem Erstgeborenen oft, dass Sie es immer lieb haben werden.

Geben Sie ihm die Möglichkeit, auch negative Gefühle zu äußern, indem Sie selbst auch mal ein wenig „jammern". Wenn beispielsweise das Baby schreit und gerade vom Papa herumgetragen wird, könnte Mama zum großen Geschwisterkind sagen: „Puh, Mia ist ja echt süß, aber manchmal auch ganz schön anstrengend, was?"

Beziehen Sie Ihr großes Kind in die Babypflege ein, indem es beim Wickeln, Anziehen, Eincremen usw. helfen darf, und ermutigen Sie es, indem Sie z. B. äußern: „Vielen Dank, dass du mir hilfst! So macht das viel mehr Spaß."

Wenn Ihr großes Kind plötzlich wieder selbst ein Baby sein will, spielen Sie mit. Das kann ein Weg sein, die Veränderung zu verarbeiten und sich der Zuwendung der Eltern zu vergewissern. Spielen Sie also ruhig mit – füttern Sie Ihr „großes Baby" und kuscheln Sie mit ihm, um ihm zu zeigen: Dich haben wir genauso lieb wie das Baby!

Versuchen Sie täglich „Qualitätszeit" nur mit Ihrem großen Kind einzuplanen, wo Sie sich ihm mit ganzer Aufmerksamkeit widmen können. Auch gelegentliche Highlights wie ein Ausflug ohne Baby sind sehr wertvoll. So ist Melanie neulich nur mit Lias in das Legoland Discovery Center gefahren, während Simon zu Hause in Ruhe mit Josephin gespielt hat – für alle ein schöner Tag!

Zum Thema „Eifersucht" ist auch das Kinderbuch „Wen hast du am allerliebsten?" von Sam McBratney sehr empfehlenswert.

Fragen an uns:

Wie klappt die Kommunikation in unserer Familie? Was könnten wir verbessern?

Was ist in der letzten Zeit einfacher geworden?

Wo liegen die wesentlichen Unterschiede in unseren Erziehungsvorstellungen? Was können wir dabei voneinander lernen?

Zum Schmökern und Informieren:

- Max Lucado: Du bist einmalig, SCM Hänssler 2007
- Max Lucado: Denk daran: Ich hab dich lieb!, SCM R. Brockhaus 2017
- Lysa TerKeurst: Alles wird gut. Hab keine Angst, denn Gott ist bei dir, Gerth Medien 2016

- Thomas Gordon: Familienkonferenz. Die Lösung von Konflikten zwischen Eltern und Kind, Heyne 2012
- Adele Faber und Elaine Mazlish: So sag ich's meinem Kind. Wie Kinder Regeln fürs Leben lernen, Oberstebrink 2009
- Lydia Hauenschild: Hallo Baby, wann kommst du?, Ars Edition 2014
- Achim Bröger: Mama bekommt ein Baby. Erste Aufklärungsgeschichten, Arena 2010
- Catherine Leblanc: Das Baby ist da! Was nun?, Michael Neugebauer Edition 2014
- Sabine Cuno: Wir sind jetzt vier!, Ravensburger 2007
- Sam McBratney: Wen hast du am allerliebsten?, Fischer Sauerländer 2005

Gebet:

„Guter Gott, wir danken dir für deinen Segen, den du uns in den vergangenen Jahren geschenkt hast. Viele Herausforderungen haben wir bereits bewältigt – und auch die nächsten Schritte wollen wir mit dir an unserer Seite gehen. Bitte hilf uns, unser Kind zu einem verantwortungsbewussten, rücksichtsvollen und selbstbewussten Menschen zu erziehen. Schenk uns Liebe und Wertschätzung in der Kommunikation mit unserem Kind und als Paar. Amen."

Das siebte bis zehnte Lebensjahr – Vom Leben mit Schulkindern

So läufts bei Simon:

Neben der Schule ist der Medienkonsum in diesem Alter ein viel diskutiertes Thema. Unsere Generation war die erste, die mit den modernen Medien aufgewachsen ist. Dementsprechend wurden Aktivitäten wie das Fernsehen oder Konsolenspielen anfangs von meinen Eltern als ganz gewöhnliche Beschäftigungen angesehen. Es ist doch eine gute Sache, wenn das Kind sich auch über einen längeren Zeitraum allein beschäftigen kann, oder nicht?

Meine Eltern haben allerdings nie verstanden, warum ein Kind lieber im Zimmer vor einer Konsole sitzt, als nach draußen zu gehen. Sie waren auch sehr weit von dem allem entfernt, sodass ich mich hier selbst ausprobieren konnte. Diese Freiheit hilft natürlich dabei, selbstständig zu werden und einen Bereich zu finden, in dem man sich profilieren kann, in dem man sogar besser ist als die eigenen Eltern. Andererseits stand ich den Medien dadurch auch etwas allein und ungeschützt gegenüber, und da gab es auch mal Inhalte, die mir Angst gemacht haben.

Durch die Erfahrungen, die ich mit diesen Dingen gesammelt habe, gehe ich heute natürlich anders mit dem Thema um als meine Eltern. Ich setze mich intensiv mit Altersbeschränkungen auseinander und auch damit, dass Kinder unterschiedliche Dinge als belastend empfinden. Deshalb sollte man sehr genau darauf achten, wie das jeweilige Kind auf den Medienkonsum reagiert. Lias hatte mit fünf zum Beispiel bei einigen Filmen ab sechs Jahren kein Problem, während wir bei manchen Filmen ausschalten mussten, die sogar für jedes Alter freigegeben waren.

Der größte Unterschied ist aber wohl, dass er – zumindest bisher – noch keinen Film gesehen und kein Computer-/Konsolenspiel gespielt hat, ohne dass ich zuvor überprüft habe, ob es für ihn geeignet ist.

Der Übergang zum Schulkind – eine Herausforderung für die ganze Familie

Wenn Ihr Kind bald die Schule besuchen wird oder gerade damit begonnen hat, fühlen Sie sich vermutlich wieder ein wenig so wie in der ersten Zeit in der Kita: Alles ist neu, überwältigend, und so stolz Sie auch auf Ihr Kind sind, so schwer fällt es Ihnen gleichzeitig, es loszulassen.

In der Schule ist das oft noch schwerer, weil den Kindern dort sehr viel mehr Eigenständigkeit abverlangt wird: Recht früh wird erwartet, dass die kleinen Erstklässler, obwohl sie noch nicht einmal lesen können, schon genau wissen, wann sie wo hingehen und welche Materialien sie mitnehmen müssen. Zwischen-Tür-und-Angel-Gespräche, wie sie in der Kita üblich sind, finden viel seltener statt.

Hinzu kommt der Druck, gute Leistungen zu erbringen, während es in der Kita ja „nur" darum ging, dass Ihr Kind sich wohlfühlt und sich an die Regeln hält.

Vielen Grundschulkindern fällt zudem das lange Sitzen sehr schwer – verständlicherweise, denn ihr Körper ist dazu gemacht, sich viel zu bewegen! Sorgen Sie daher für Ausgleich am Nachmittag und auch generell für möglichst viel sportliche Betätigung. Falls Sie noch nicht sicher sind, welche Schule Sie wählen sollen, erkundigen Sie sich nach Bewegungspausen im Unterricht und anderen Anzeichen von Bewegungsfreundlichkeit.

Wenn Ihrem Kind der Übergang in diese neue Welt schwerfällt, können Sie ihm helfen, indem Sie Ihre Begleitung schrittweise reduzieren: Anfangs bringen Sie Ihr Kind bis in die Klasse, dann nur noch bis zum Schuleingang, dann nur noch bis zur Ecke und so weiter.

Damit Ihr Kind immer weiß, wo es gerade hinmuss, können Sie gemeinsam den Stundenplan durch bestimmte Symbole ergänzen. Außerdem hilft es, morgens kurz miteinander den Tagesablauf durchzugehen.

Wie schon in der Kita können Sie Ihrem Kind die soziale Integration erleichtern, indem Sie den Aufbau von Freundschaften unterstützen: Fragen Sie, welches Kind es gern einmal zum Spielen einladen würde.

Es ist gut, wenn Sie Ihrem Kind von Anfang an möglichst viel Eigenständigkeit einräumen. Seien Sie bereit, bei Unsicherheiten zu helfen, aber setzen Sie sich nicht neben Ihr Kind, während es die Hausaufgaben macht. Und wenn es die freiwilligen Aufgaben nicht machen möchte, dann drängen Sie es nicht dazu – sonst hat es keine Chance, eigene Motivation zu entwickeln.

Bringen Sie ihm für gute Leistungen Wertschätzung entgegen – aber eher in Form von Ermutigung statt als Lob (siehe in Kapitel 7:

„Von Belohnungen und Strafen"). Und bei Misserfolgen sollten Sie mitfühlend und verständnisvoll sein, ohne aber zu dramatisieren.

Lassen Sie sich bitte nicht vom Leistungsdruck verrückt machen! Das Wichtigste in der Grundschulzeit ist, dass Ihr Kind die Freude am Lernen nicht verliert. Wenn das passiert, ist das für die gesamte weitere Schullaufbahn schlimmer als schlechte Noten.

Denn obwohl im deutschen Schulsystem einiges verbesserungswürdig ist, gibt es viele Wege, anfängliche Rückstände später aufzuholen. Setzen Sie Ihr Kind deshalb nicht unter Druck, unbedingt ein Gymnasium zu besuchen. Im Zweifel kann eine Gesamtschule, Realschule oder Oberschule der bessere Weg sein.

Nach dem Realschulabschluss kann Ihr Kind mit dem qualifizierten Realschulabschluss an ein weiterführendes Gymnasium wechseln und dort das Abitur machen. Oder es entscheidet sich, zuerst eine Berufsausbildung zu absolvieren, bei der es nebenher die Fachhochschulreife erwerben kann. So kann es nach Beendigung der Ausbildung ebenfalls an einer Hochschule studieren. Die Voraussetzungen variieren je nach Bundesland. Weitere Möglichkeiten sind Berufskollegs oder Abendgymnasien und mittlerweile kann man das Abitur sogar per Fernstudium nachholen.

Sie sehen: Viele Wege führen nach Rom.

Nicht immer ist der direkteste Weg der beste, wenn Kinder dabei ständig unter Druck stehen und ihre Kindheit kaum noch genießen können. Das führt selten dauerhaft zu guten Leistungen und erst recht nicht zu Wohlbefinden und Zufriedenheit.

Sie können ein positives Lernen zudem unterstützen, indem Sie auf ein gesundes Frühstück und Pausenbrot achten – möglichst ohne Zucker. Bei uns gilt die Regel: Naschen (in kleinen Mengen) erst ab dem Nachmittag, nach den Hausaufgaben.

Mein Kind in der großen, gefährlichen Welt

Es fällt ganz schön schwer, sein Kind in die raue Welt zu entlassen. Denn auf dem Schulhof passiert so einiges, das wir unseren Lieblingen gern ersparen würden.

Seien Sie daher sensibel, wenn Ihr Kind ängstlich oder bedrückt wirkt. Erkundigen Sie sich danach, wie es mit den anderen Kindern zurechtkommt, ob ihm etwas Angst macht oder etwas in der Schule schwierig ist. Reden sie gegebenenfalls mit den Lehrern oder Eltern von Mitschülern, um herauszufinden, was Ihr Kind belasten könnte.

Stärken Sie den Selbstwert Ihres Kindes, indem Sie seine Talente hervorheben und den Wert jedes Menschen unterstreichen. Ermutigen Sie es, indem Sie gemeinsam Geschichten wie „Das kleine Ich bin ich" lesen. Dabei können Sie besprechen, wie sich Ihr Kind in schwierigen Situationen schützen und verteidigen kann. Unter Umständen kann auch der Besuch eines Selbstbehauptungs-Kurses oder eine Sportart wie Judo oder Karate sinnvoll sein.

Melanie hat bei Gerth Medien das Andachtsbuch „Hey Gott, du bist echt spitze!" veröffentlicht, in welchem verschiedene Alltagssituationen von Kindern ab sechs Jahren thematisiert werden. Jeden Tag einen solchen Impuls zum Weiterdenken zu bekommen, kann sehr ermutigend und stärkend sein.

Der Glaube ist ohnehin eine großartige Ressource im Umgang mit Angst. Denn die Bibel berichtet uns von einem Gott, dessen Liebe zu seinen Geschöpfen so groß ist, dass sie sogar jede menschliche Liebe übersteigt. Gott liebt mein Kind also noch mehr als ich?

Bereits die Vorstellung, dass er es genauso sehr liebt wie ich, fällt mir schwer. Und doch versichert uns die Bibel, wie sehr Gott jeder einzelne Mensch am Herzen liegt: Gott jubelt, wenn er an mein Kind denkt (Zefanja 3,17); mein Kind ist ihm so wichtig, dass er jedes

Haar auf seinem Kopf gezählt hat (Matthäus 10,29-31) und jeden Tag seines Lebens aufgeschrieben hat (Psalm 139,15-16).

Dietrich Bonhoeffer sagte: „Ich glaube, dass Gott aus allem, auch aus dem Bösesten, Gutes entstehen lassen kann und will."[28]

Wenn Sie also von Sorgen um Ihr Kind getrieben werden, dann stellen Sie sich doch einmal das schlimmste Leid vor, das Ihr Kind treffen könnte. Sehen Sie der Angst, die ohnehin so stark ist, einmal bewusst ins Auge. Und dann fügen Sie dieser Vorstellung etwas Wesentliches hinzu – etwas, das alles ändert: die Gegenwart eines starken Gottes, der liebevoll zu Ihrem Kind spricht, es ermutigt, tröstet und trägt.

Wir haben selbst erlebt, dass es möglich ist, auch im Leid inneren Frieden zu spüren – in dem Wissen, dass wir in Gott geborgen sind. Im starken Arm eines so liebevollen Gottes kann selbst das schlimmste Leid seinen Schrecken verlieren.

Manchmal sind es nicht einmal große Ängste, die das Loslassen erschweren, sondern einfach der Wunsch, dem Kind Schwierigkeiten zu ersparen – zum Beispiel in der Schule. Es ist nicht immer leicht, die richtige Balance zwischen liebevoller Begleitung und Loslassen zu finden.

Ihr Kind sollte wissen, dass Sie jederzeit bereit sind, ihm zu helfen. Und falls es einmal dabei wäre, sich in unnötige Probleme zu bringen, sollten Sie durchaus Stellung beziehen und ihm erklären, aus welchem Grund Sie sich Sorgen machen.

Wenn Ihr Kind sich dann trotzdem für einen Weg entscheidet, den Sie nicht gutheißen, kann es manchmal nötig sein, den Griff zu lockern. Vielleicht müssen Sie Ihrem Kind erlauben, eigene Erfahrungen zu sammeln – und dabei mit offenen Armen warten, bis es auf die Nase gefallen ist und seine Lektion gelernt hat.

---

28. http://www.dietrich-bonhoeffer.net/zitat/id/729/

Machen Sie sich immer wieder bewusst, dass nicht alles in Ihrer Hand liegt. Im Gegenteil, was haben wir letztlich in der Hand? Und sogar wenn etwas von außen völlig chaotisch und negativ aussieht, kann es sein, dass Ihr Kind gerade durch schwierige Situationen etwas Wertvolles entdeckt, das es sonst nie gefunden hätte.

Dabei hilft es auch, sich klarzumachen, dass wir nicht die Einzigen sind, die es gut mit unserem Kind meinen. Vielleicht ist es gerade nicht offen für *unsere* Stimme, aber es begegnet einer tollen Lehrerin, einem guten Sportlehrer oder anderen Personen, die ihm helfen, seinen Weg zu finden.

Manchmal können wir nichts mehr tun – und doch geschieht etwas, im Verborgenen. Das wusste sogar der große Reformator Martin Luther: „Während ich hier sitze und mein Wittenbergisch Bier trinke, läuft das Evangelium."

Aufklärung und Sexualität

Spätestens um den zehnten Geburtstag herum sollten Eltern sicherstellen, dass ihr Kind über solides Basiswissen rund um Sexualität und Verhütung verfügt. Doch schon lange vorher sollten sie ihm einschärfen, sich gegen Berührungen, die es nicht möchte, lautstark zur Wehr zu setzen.

Viele Eltern, besonders wenn sie gläubig sind, wünschen sich, dass ihr Kind mit Sex bis zur Ehe wartet. Das ist verständlich, denn wir wollen unsere Kinder vor unnötigen Verletzungen und Risiken schützen.

Es hat sich jedoch herausgestellt, dass strikte Verbote hier wenig sinnvoll sind – so zeigte eine amerikanische Studie, dass 88 Prozent der Jugendlichen, die versprochen hatten, bis zur Ehe Jungfrau zu bleiben, dies nicht einhielten und viele davon beim ersten Mal nicht verhüteten.[29]

---

29. http://www.articleworld.org/index.php/True_Love_Waits

Unserer Ansicht nach ist es nicht haltbar, Verzicht auf vorehelichen Sex als „biblisches Gebot“ darzustellen. Solch ein Gebot gibt es in der Bibel nicht – wenngleich es Verse gibt, die zeigen, dass die Autoren selbstverständlich davon ausgingen, dass Sex in die Ehe gehört.

Allerdings muss berücksichtigt werden, dass die Menschen damals deutlich früher geheiratet haben (oft schon mit 12 bis 15 Jahren), sodass kaum Grund für Sex vor der Ehe bestand. Damals gab es keine lange Jugendphase, in der Menschen noch lernen und sich in Ruhe entwickeln dürfen, ohne bereits die Verantwortung für eine Ehe und Familie zu tragen – und gleichzeitig bereits einen starken Sexualtrieb haben.

Trotzdem gibt es natürlich auch heute Argumente für das Warten auf die Ehe: Man vermeidet emotionale Verletzungen sowie das Risiko einer Schwangerschaft, das auch bei Verhütung noch besteht. Außerdem hat man Zeit, sich erst einmal kennenzulernen, bevor man sich sexuell begegnet.

Mit jemandem zu schlafen, ist ein bedeutsamer Schritt und schafft eine große Verbundenheit und Verletzlichkeit – daher ist ein sicherer Rahmen sehr wichtig. Wir empfehlen Eltern, mit ihren Kindern und Jugendlichen über diese Überlegungen zu sprechen. Es geht nicht um ein Gesetz, sondern um Argumente und Aspekte, die junge Menschen bedenken sollten, wenn sie eigenverantwortlich prüfen, wann sie welche Schritte gehen sollten.

Auch Selbstbefriedigung ist ein Thema, welches in christlichen Kreisen oft verpönt ist. Wir bitten Sie jedoch, Ihren Kindern keine unnötigen Gewissensqualen zuzumuten. Denn die Entdeckung des eigenen Körpers ist eine natürliche Entwicklung und wird nirgendwo in der Bibel verboten.

Warnen würden wir indessen vor Pornografie, weil sie Menschen entwürdigt, ein falsches Bild von Sexualität vermittelt und zudem ein hohes Suchtpotenzial birgt.

Medien und Familienzeit

Wie bereits in Simons Erfahrungsbericht erwähnt, sollten Sie sich als Eltern gut über die Filme und Spiele, die Sie Ihrem Kind erlauben, informieren. Im Zweifel bleiben Sie zumindest eine Weile dabei, um sich ein realistisches Bild machen zu können.

Erklären Sie Ihrem Kind, dass ihm bestimmte Inhalte schaden würden und dass sich zu lange Medienzeiten negativ auf das Gehirn und die gesamte Gesundheit auswirken. Suchen Sie gemeinsam nach Arrangements, mit denen Kind und Eltern leben können, z. B. 40 Minuten Computerspielen oder Fernsehen pro Tag, evtl. am Wochenende mal etwas mehr.

Nutzen Sie das Medieninteresse Ihres Kindes auch für gemeinsame positive Erlebnisse, indem sie mal zusammen ein Computerspiel spielen oder einen DVD-Abend veranstalten. Viele Familien machen auch gute Erfahrungen mit einer festen Familienzeit, in der gemeinsam gespielt, gesungen oder gekocht wird.

Bedenken Sie, dass die Grundlage, die Sie jetzt in der Beziehung zu Ihrem Kind legen, entscheidend für den Verlauf von Krisen, zum Beispiel in der Pubertät, sein wird. Investieren Sie deshalb Zeit und Energie in möglichst viel Spaß mit Ihrem Kind, gutes Zuhören und respektvolle Konfliktlösung.

Das Paar mit großem Kind

Inzwischen ist Ihr Kind schon ziemlich selbstständig, und wenn Sie nicht noch ein deutlich jüngeres Geschwisterkind haben, bedeutet das für Sie im Vergleich zu früheren Phasen mehr Freiheit. Denn nun kann Ihr Kind tagsüber auch mal kurzzeitig allein zu Hause sein oder bei Freunden übernachten. Nutzen und genießen Sie diese Möglichkeit, indem Sie z. B. Urlaub mit Kinderprogramm machen, intensive Paarzeiten einlegen oder auch mal ein paar Tage ohne Kind verreisen.

Oft sind in dieser Zeit beide Elternteile beruflich schon wieder sehr eingespannt. Falls sich die Familie noch vergrößert hat, haben Sie eine zusätzliche Verantwortung übernommen. Ältere Kinder haben zudem oft ebenfalls viele Termine, die Ihnen als Eltern einiges an Kraft und Zeit abverlangen.

Achten Sie deshalb darauf, nicht nur miteinander zu planen und zu managen, sondern auch immer wieder Abstand zum Alltag zu bekommen. Sie sollten Neues miteinander erleben, damit Sie einander immer wieder neu entdecken können.

Wie wäre es, wenn Sie einmal zu zweit wandern, einen Tanzkurs machen oder im Urlaub Jetski fahren? Wenn man bereits so einen langen Weg gemeinsam zurückgelegt hat, fühlt es sich manchmal so an, als würde man einander in- und auswendig kennen.

Und doch gilt: Sie haben ganz unterschiedliche Prägungen, Erfahrungen und Denkweisen. Jeder von Ihnen entwickelt und verändert sich – wenn Sie weiter neugierig und aufmerksam miteinander umgehen, werden Sie immer neue Chancen finden, einander neu zu entdecken und miteinander zu wachsen.

Werner Tiki Küstenmacher vergleicht die verschiedenen Phasen der Liebe in seinem Buch „Simplify your love“ mit diversen Orten, u. a. einem Liebeszelt (die Verliebtheit zu Beginn), einem Finsterwald (schwere Krisen) und einem Gutshof.

In den Jahren, in denen die Kinder zu Hause wohnen, finden sich die meisten Paare auf dem „Gutshof“ wieder: Das Leben ist anstrengend, voller Verantwortung, Arbeit und Pflichten. Es gibt wenig Luxus und Ruhepausen. Aber: Sie bauen sich dabei gemeinsam etwas auf.

Seien Sie immer wieder stolz und dankbar für das, was Sie gemeinsam schaffen, und den Segen, den Sie dafür empfangen. Und gönnen Sie sich auch immer wieder kleine Oasen der Ruhe und Zweisamkeit, um neue Kraft für die schwere, aber so lohnenswerte Arbeit auf dem Gutshof zu tanken.

Und wenn Sie gerade mitten im Finsterwald sind, dann holen Sie sich Hilfe und lesen doch mal die Tipps in Kapitel 10 („Mitten in der Krise“).

Kinder und Gott

Die Welt ist voll von Menschen, die in einem christlichen Elternhaus groß geworden sind und doch heutzutage mit genau diesem Glauben nichts mehr anfangen können. Aus einem aufrichtigen Kinderglauben entwickelt sich nicht unbedingt ein tragfähiger, reifer Erwachsenenglaube, der den Stürmen des Lebens standhält.

Nicht selten begründen die Betroffenen den Verlust ihres Glaubens damit, dass das, was ihnen als Glaubensinhalte vermittelt wurde, nicht zu den Erfahrungen passt, die sie im „wirklichen Leben“ gemacht haben.

Tilmann Moser beschreibt in seinem provokanten Buch „Gottesvergiftung“, wie die Glaubenserfahrungen seiner Kindheit ihn schließlich dazu brachten, dem Glauben den Rücken zuzukehren.

Worauf also sollten Eltern in ihrem Reden von Gott achten, um eine starke, belastungsfähige Basis zu legen? Wie können wir Kindern einen Glauben vermitteln, der sie in ihrer Freiheit unterstützt und nicht nur in einer behüteten Kindheit, sondern auch in den Stürmen des Lebens trägt?

Kinder glauben anders

Weil Kinder aufgrund ihres Entwicklungsstandes anders denken und Zusammenhänge anders deuten als Erwachsene, glauben sie auch ganz anders. So können Kinder im Vorschulalter meist noch nicht zuverlässig zwischen Fantasie und Realität unterscheiden und auch noch nicht abstrakt denken.

Als wir Lias im Alter von drei Jahren aus einer Kinderbibel, die wir zunächst für recht brauchbar hielten, die Schöpfungsgeschichte vorlasen, kommentierte er diese so: „Adam und Eva sollten die Frucht nicht essen, aber sie haben es trotzdem getan. Deshalb musste Gott sie wegschicken. Wenn wir mal etwas tun, das Gott nicht will, muss Gott uns leider auch wegschicken."

Wir waren schockiert! Wir hatten es doch gut gemeint, extra betont, dass Gott Adam und Eva noch Kleider gemacht hat – und das war bei ihm hängen geblieben?

Wir Erwachsenen sollten also sehr genau überlegen, welche Geschichten wir Kindern in welchem Alter erzählen. Und wir müssen dann auch mit ihnen darüber sprechen, was diese Geschichten für uns und unser Gottesbild heute bedeuten. Die Bibel enthält ja auch viele grausame Geschichten wie solche, in denen Gott ganze Völker vernichtet. Oder die Geschichte Abrahams, der beinahe seinen eigenen Sohn geopfert hätte. Ältere Kinder ab ca. zehn Jahren können sich bereits mit diesen Inhalten auseinandersetzen, vor dem Hintergrund: „Nicht immer erleben wir Menschen Gott als liebevoll und barmherzig. Oft verstehen wir Gott auch nicht."

Doch ein solch differenziertes Gottesbild stellt für Vorschul- und Grundschulkinder in der Regel eine Überforderung dar. Ihr Denken ist noch schwarz-weiß: Ist Gott nun liebevoll und gut oder zornig und brutal?

Auch Sätze wie „Gott sieht alles", die Erwachsenen vielleicht helfen können, verantwortlich zu handeln, können bei Kindern große Ängste auslösen. Gott erscheint dann wie ein Richter, vor dem man ständig auf der Hut sein muss.

Wenn Sie also eine Bibelgeschichte auswählen, sollte Ihr Ziel nicht die Vermittlung von Bibelkenntnis sein, denn reine Sachkenntnis hat meist wenig Wert. Vielmehr sollten Sie sich an der Frage orientieren, welche Geschichte Ihr Kind in seinem Gottvertrauen stärkt, es ermutigt oder vielleicht sogar zu aktuellen Themen und Herausforderungen passt.

Keine falsche Sicherheit

„Wir müssen uns nicht fürchten, denn Gott passt auf uns auf" oder „Gott beschützt uns" – wie schnell gehen uns Erwachsenen solche Sätze von den Lippen. Doch früher oder später erfahren Kinder, dass auch Christen Unfälle erleiden oder an schweren Krankheiten sterben oder überfallen werden.

Natürlich bedeutet das nicht, dass alle Bitten um Schutz und Bewahrung ab sofort unterlassen werden sollten. Aber wir persönlich gehen damit sehr bewusst um und machen es auch mal zum Thema, dass nicht jedes Gebet so, wie wir es gern hätten, in Erfüllung geht. Sogar kleine Kinder können schon verstehen, dass Gott kein Wunsch-Automat ist. Auch ihnen kann man vermitteln, dass Gott immer bei uns ist, obwohl manchmal Schlimmes geschieht. Dass Gott uns nicht vor allen Problemen bewahrt, aber uns immer die Kraft und den Mut gibt, um schwere Zeiten durchzustehen.

Das kann man Kindern beispielsweise so erklären: „Manchmal ist das Leben sehr traurig, zum Beispiel wenn man krank ist oder etwas anderes Schlimmes passiert. Doch Gott bleibt immer bei uns. Er gibt uns Kraft und hilft uns."

Mein Bild von Gott ist nicht Gott

Auch wenn in Kirchen viel von Freiheit gesprochen wird, werden doch viele Haltungen und Überzeugungen als selbstverständlich und indiskutabel dargestellt. Das sind u. a. Themen wie Sexualität (zum Beispiel Homosexualität oder Geschlechtsverkehr vor der Hochzeit) oder Schöpfung (in sieben Tagen oder durch Urknall und Evolution …?).

Diese Fragen hängen eng zusammen mit unserem Bibelverständnis: Glaube ich, dass jedes Wort von Gott diktiert wurde und heute noch wortwörtlich gültig ist? Oder betrachte ich die Bibel als Sammlung von Gotteserfahrungen konkreter Menschen in konkreten Zeiten, durch die Gott zu mir sprechen kann, die aber neu in den Zusammenhang meiner Lebenswirklichkeit gebracht werden müssen?

„Ich weiß, dass ich nichts weiß", erkannte schon Sokrates und diese Begrenztheit unserer Erkenntnis sollten wir uns auch in Glaubensfragen immer wieder vor Augen halten. Gott ist nicht zwingend so, wie wir ihn uns vorstellen – auch wenn wir das mit noch so vielen Bibelstellen begründen können.

Der bekannte Evangelist Billy Graham sagte zum Thema Homosexualität: „Die Aufgabe des Heiligen Geistes ist es zu überführen, die Aufgabe Gottes ist es zu urteilen, meine Aufgabe ist es zu lieben."[30]

Kinder können noch so konservativ erzogen werden – je älter sie werden, desto größer ist die Wahrscheinlichkeit, dass sie mit gleichgeschlechtlichen Ehen und der Evolutionstheorie konfrontiert werden. Welchen Handlungsspielraum haben sie dann, wenn sie zu dem Schluss kommen, dass sie Homosexualität nicht per se als Sünde ansehen oder dass sie die Evolutionstheorie schlüssiger finden als eine Schöpfung in sieben Tagen?

---

30. zitiert nach: Shane Claiborne und Tony Campolo: Die Jesus-Revolution. Was passiert, wenn wir IHN beim Wort nehmen, Gerth Medien 2014

Bestehen ihre Eltern darauf, dass solche Auffassungen unvereinbar sind mit dem christlichen Glauben? Oder erleben die Kinder und Jugendlichen die Freiheit, die Jesus uns geschenkt hat, und dürfen im ehrlichen Gespräch mit Gott und anderen Menschen ihren Glauben weiterentwickeln?

Wie auch immer Ihre Haltung zu diesen und ähnlichen Fragen aussieht: Seien Sie ehrlich und selbstkritisch! Und berücksichtigen Sie die biblische Aufforderung, nicht zu urteilen!

Kindern kann man diese demütige, offene Haltung beispielsweise so erklären: „In der Bibel gibt es einige Sätze, die sagen, dass Liebesbeziehungen zwischen zwei Männern oder zwei Frauen nicht gut sind. Andererseits stehen in der Bibel auch manche Dinge, die wir heute nicht mehr genau so umsetzen, weil wir sagen: Das wurde in einer anderen Zeit geschrieben, heute ist einiges anders. Zum Beispiel, dass Frauen ihr Haar immer bedecken müssen.

Es ist nicht einfach zu entscheiden, was heute noch genauso gilt, wie es früher aufgeschrieben wurde. Aber wir sind nun einmal Menschen und können nicht alles wissen. Und das müssen wir auch gar nicht.

Unsere Aufgabe ist es nicht zu beurteilen, ob das, was andere tun, richtig oder falsch ist. Wir sollen lieber schauen, dass wir selbst so leben, wie es Gott gefällt. Gleichzeitig sollten wir die anderen Menschen lieb haben und für sie beten. Wenn jemand Gott kennenlernen will und etwas in seinem Leben nicht okay ist, dann kann Gott ihm das problemlos selbst zeigen.

Also überlassen wir es Gott zu entscheiden, was gut und was schlecht ist. Jesus hat nie darüber gesprochen, was er von der Liebe zwischen zwei Männern und zwei Frauen hält. Aber er hat uns gesagt, was das wichtigste Gebot ist: Gott und unsere Mitmenschen zu lieben."

Oder bezogen auf die Schöpfung:

„Schon früher haben sich die Menschen Gedanken darüber gemacht, wie unsere Welt wohl entstanden ist. War ganz am Anfang gar nichts, nur Gott? Hat er dann alles erschaffen? Und wenn ja, wie?

Die Schöpfungsgeschichte zeigt, wie die Menschen sich das alles früher vorgestellt haben. Heute haben wir andere Ideen, aber so ganz genau wissen wir es immer noch nicht. Wichtig ist: Gott liebt diese Welt und hat Gutes mit ihr vor. Und er schenkt uns diese Welt, damit wir uns gut um sie kümmern – so, wie er sich um *uns* kümmert."

Verstehen Sie uns bitte nicht falsch: Es geht hier nicht um Beliebigkeit. Wir sind überzeugt davon, dass grundlegende Inhalte des Glaubens (z. B. Jesus ist Gottes Sohn, er ist am Kreuz gestorben und auferstanden) auch als grundlegende Aussagen unseres Glaubens vermittelt werden sollten.

Doch andere Fragen lassen mehr Interpretationsspielraum zu – je nachdem, wie wir die Bibel verstehen. Das kann man sogar Kindern erklären.

Durch eine solche Herangehensweise können viele Glaubenskrisen und -verluste junger Menschen vermieden werden.

Keine Antwort ist auch eine Antwort

Als Erwachsene meinen wir oft, wir müssten Kindern auf alle Fragen eine klare Antwort geben. Dabei ist es viel ehrlicher, auch mal zu sagen: „Das weiß ich nicht" oder: „Das habe ich selbst noch nicht so ganz verstanden."

Viele junge Menschen, die ihren Glauben aufgeben, begründen dies mit der Frage nach dem Leid in der Welt. Die Antworten, die Christen ihnen darauf gegeben haben, erscheinen ihnen billig, teils sogar zynisch, und decken sich nicht mit ihren eigenen Erfahrungen. Leid als natürliche Folge von Sünde? Leid als Chance, etwas Wichtiges zu lernen?

Das können Deutungen sein, die Menschen für sich selbst – oft im Rückblick – für persönliche Leidenserfahrungen finden. Doch es gibt viel Leid auf der Welt, das sich mit diesen Antworten nicht befriedigend erklären lässt. Es gibt Leid, das wir nicht begreifen. Leid, auf das wir nur mit Klagen antworten können. Und das dürfen wir auch Kindern vermitteln:

„Ich weiß nicht, warum so viel Schlimmes geschieht. Manchmal entsteht aus Schlechtem später etwas sehr Gutes. Doch manchmal verstehen wir auch einfach nicht, warum etwas Schlimmes passieren musste. Dann sind wir wütend und traurig und verstehen Gott nicht mehr. Und das dürfen wir ihm auch ganz ehrlich sagen.

Wir müssen beim Beten nicht immer nur ‚Danke' sagen. Wenn es uns schlecht geht, dann können wir auf den Boden stampfen oder in ein Kissen schlagen und all unsere Fragen und Wut zu Gott schreien. Das findet Gott ganz in Ordnung. Auch wichtige Menschen der Bibel haben das immer mal wieder gemacht."

Fokus auf das Wesentliche

Bei Gesprächen über den Glauben, der Auswahl von Bibelgeschichten und Gebeten sollten Eltern stets den Entwicklungsstand ihres Kindes berücksichtigen. Für Kinder vor dem Schulalter bedeutet das: kurze, einfache Sätze, keine unnötigen Details, nicht zu viele Fremdwörter oder exotische Namen (z. B. „Pharao", „Amalekiter", „Volkszählung" o. Ä.).

Oft ist es in diesem Alter sogar passender, die Geschichten frei, reduziert auf das Wesentliche, zu erzählen. Josephin liebt zum Beispiel die Geschichte von Jesus und dem Sturm. Wir erzählen sie ihr in einfachen, immer gleichen Worten, und wenn wir schildern, wie das Boot hin- und herschaukelte, schaukeln wir auch mit ihr hin und her. Inzwischen kann sie sogar schon große Teile davon auswendig.

Dafür ist das aber auch bisher – neben der Geschichte vom verlorenen Schaf – die einzige Bibelgeschichte, die sie kennt. In der nächsten Zeit wird sie die Weihnachtsgeschichte kennenlernen.

Wichtiger als breites Bibelwissen sind in diesem Alter grundlegende Glaubenssätze, die ein erstes Verständnis für Gott als liebenden Vater und Jesus als Gottessohn, König und Freund der Menschen unterstützen. Aussagen wie „Gott hat die Welt gemacht", „Gott hat dich ganz doll lieb", „Für Gott ist jeder Mensch wichtig" oder „Gott ist immer bei uns" sind altersgemäß und ermutigend.

Ab ca. drei Jahren werden wir unserer Tochter aus „Mara und Timo entdecken die Bibel" vorlesen. Diese lebensnahe Kinderbibel hat Melanie vor einigen Jahren geschrieben, als wir für Lias zum dritten Geburtstag eine Kinderbibel suchten.

Wir waren sehr ernüchtert über das Angebot an Kinderbibeln für Kleinkinder – sodass Melanie sich schließlich entschied, selbst eine Kinderbibel zu schreiben. Sie hat die Bibelgeschichten so erzählt, dass Kinder unter sechs Jahren sie verstehen und eine Verbindung zu ihrem Alltag herstellen können. Deshalb ist jede Bibelgeschichte mit einem Erlebnis eines heutigen Kindes verknüpft.

Diese Verbindung zwischen dem Alltag und dem Glauben finden wir ganz wichtig. Denn Kinder werden den Glauben nur dann als relevant erleben, wenn er ihnen für ihre konkrete Lebenswelt etwas zu sagen hat.

Aus diesem Grund sprechen wir auch abends ein kurzes, aber freies Gebet, in dem wir für aktuelle Situationen danken bzw. um Hilfe oder Vergebung bitten.

Hat der Teufel eigentlich Hörner?

Als Eltern sollten wir uns auch bewusst überlegen, wann wir welche Themen und Aspekte einbringen, zum Beispiel den Teufel. Wenn einem Kind die Geschichte von Jesu Versuchung durch den Teufel erzählt wird, kann die Figur des Teufels als mächtige, abgrundtief böse und gefährliche Figur das Kind stark prägen.

Selbst wenn wir darauf hinweisen, dass Gott stärker ist, besteht die Gefahr, dass die Figur des Teufels dem Kind große Angst einjagt.

Deshalb halten wir es für sinnvoller, mit Kindern eher über „Böses in der Welt" zu sprechen, zum Beispiel so: „In der Welt gibt es Gottes gute Macht. Die zeigt sich zum Beispiel, wenn wir lieb zu anderen sind oder einander helfen. Aber es gibt auch Böses in der Welt: Jeder von uns hat manchmal gemeine Gedanken oder wir ärgern oder verletzen andere Menschen.

Und oft passieren durch solche bösen Gedanken und bösen Handlungen auch ganz schlimme Dinge. Wenn zum Beispiel zwei Länder sich um etwas streiten und sich nicht vertragen wollen, kann ein Krieg entstehen. Doch Gott ist stärker als das Böse und eines Tages wird er alles Böse besiegen. Wir können schon jetzt mithelfen, Gottes gute Macht stärker zu machen, indem wir Gott und andere Menschen lieb haben."

Als Lias uns mal nach dem Teufel gefragt hat, haben wir etwa so geantwortet: „In der Bibel wird von dem Teufel gesprochen, wenn über das Böse in der Welt gesprochen wird. Viele stellen sich den Teufel wie einen sehr bösen Menschen vor, manche malen ihn auch mit roter Haut und Hörnern.

Aber im Grunde wissen wir nicht, wer oder was genau mit dem Teufel gemeint ist – ob er wirklich eine Person ist oder ganz anders. Klar ist nur, dass es Böses in der Welt gibt. Und das meint die Bibel, wenn sie vom Teufel spricht: die böse Macht, die Menschen dazu bringt, zu lügen, zu stehlen, gemein zu anderen zu sein, Krieg zu führen …

Doch wir müssen keine Angst haben, denn Gott ist stärker als alles Böse. Und die Bibel sagt uns, dass er eines Tages das Böse sogar ganz besiegen wird."

Wir finden es sehr wichtig, keine konkrete „Gruselfigur" zu zeichnen, welche Kindern Angst und Albträume bereiten könnte. Besser ist es zu erklären, was hinter dem Konzept „Teufel" steht.

Und wie Sie sicher schon festgestellt haben, betonen wir auch immer, dass das Böse letztlich nicht siegen wird und uns deshalb keine Angst machen muss. Das ist wichtig, weil die Fantasie von Kindern stark ist und schnell von erschreckenden Bildern geprägt werden kann.

Alles schon hundertmal gehört?

Manche Geschichten sind zwar nicht grausam oder potenziell beängstigend, aber einfach noch zu kompliziert für kleine Kinder. Werden sie zu früh erzählt, führt das eher dazu, dass Kinder Bibelgeschichten als sperrig, anstrengend und langweilig empfinden, weil sie keinen Zusammenhang mit ihrem eigenen Leben erkennen. Wenn diese Kinder oder Jugendlichen dann später so weit wären, die Geschichten wirklich zu verstehen, kann es passieren, dass sie sich gar nicht mehr richtig auf den Inhalt einlassen. Schließlich haben sie „das alles schon hundertmal gehört"!

Es liegt nahe, dass Kinder, die in einem christlichen Elternhaus aufwachsen und regelmäßig den Kindergottesdienst besuchen, viele Bibelgeschichten sehr, sehr oft hören. Doch dabei besteht die Gefahr, dass sie immer mehr abschalten und die Inhalte der Bibel nicht mehr wertschätzen, sondern eher eintönig finden.

Irgendwann meinen sie, alles schon zu wissen und in der Bibel nichts Neues mehr entdecken zu können – gerade jetzt, wo ihre kognitive Entwicklung es ihnen ermöglicht, auch kompliziertere Inhalte zu reflektieren.

Das ist sehr schade, und deshalb plädieren wir dafür, Kinder nicht mit der Bibel zu „überladen".

Manchmal ist weniger mehr – nicht weil wir die Bibel nicht schätzen würden, sondern gerade weil wir sie so wertvoll finden und uns wünschen, dass auch unsere Kinder das erleben.

Wir lesen mit Lias nur gelegentlich in der Bibel und auch sonntags im Kindergottesdienst muss nicht zwingend jedes Mal eine Bibelgeschichte zum Einsatz kommen. Empfehlenswert finden wir zum Beispiel das Buch „55 philosophische Geschichten für Kinder", welches sich wunderbar eignet, um mit Kindern ins Gespräch zu kommen und dabei auch christliche Botschaften zu diskutieren.

Insgesamt gilt: Wichtiger als Bibelkenntnis oder falsche und richtige Einsichten ist stets die Beziehung, die Kinder zu Gott entwickeln. Unser Ziel sollte es sein, Kindern Vertrauen zu vermitteln – Vertrauen in einen Gott, der nicht immer zu verstehen und doch stets liebevoll an ihrer Seite ist.

Fragen an uns:

Was möchten wir unserem Kind in Bezug auf spirituelle Fragen vermitteln?

Wie wurde ich von meinen Eltern aufgeklärt? Was hätte ich mir anders gewünscht; was war gut?

Welche besondere Paarzeit könnte uns aktuell guttun?

Zum Schmökern und Informieren:

- Werner Tiki Küstenmacher: Simplify your love. Gemeinsam einfacher und glücklicher leben, Campus 2006
- Mira Lobe: Das kleine Ich bin ich, Jungbrunnen 2016
- Melanie Schüer: Hey Gott, du bist echt spitze! 77 Geschichtenandachten für die ganze Familie, Gerth Medien 2017
- Tilmann Moser: Gottesvergiftung, Suhrkamp 1980
- Nel de Theije-Avontuur: 55 philosophische Geschichten für Kinder. Mit Frageimpulsen zum Nach- und Weiterdenken, Verlag an der Ruhr 2012
- Ingeborg Saval: Starke Kinder. Gezielt und fantasievoll: Methoden für selbstbewusste und ausgeglichene Kinder, Trias 2014
- Ingeborg Saval: Planet Schule. Gemeinsam und unbeschwert den Schulalltag meistern, Trias 2015
- Bundeszentrale für gesundheitliche Aufklärung: Über Sexualität reden … Zwischen Einschulung und Pubertät (bestellbar unter www.bzga.de, Informaterialien: http://www.bzga.de/infomaterialien/sexualaufklaerung/ueber-sexualitaet-reden-zwischen-einschulung-und-pubertaet/?uid=14b97c75528368a3e94f7d495226aa53)

Gebet:

„Lieber Vater, wir danken dir für unser kostbares Kind, das nun schon so groß geworden ist. Du kennst unsere Ängste und Sorgen: … (Platz für eigene Anmerkungen). Wir legen diese Sorgen in deine Hände. Kümmere du dich darum; segne unser Kind und stärke und tröste es in schwierigen Situationen. Hilf uns, unserem Kind ein gutes Vorbild zu sein, und lass uns als Liebespaar auch im Alltag immer wieder kleine Momente der Zweisamkeit finden. Amen."

Altersübergreifende Themen

Mitten in der Krise – Von Entfremdung, Konflikten und Fremdverlieben

Über die Unausweichlichkeit von Krisen und den Umgang damit haben wir ja schon einiges geschrieben. Auf den folgenden Seiten wollen wir auf drei besonders häufige Krisen näher eingehen. Das Thema „Konflikte" fokussiert dabei besonders Paare, viele Aspekte gelten aber auch für die Eltern-Kind-Beziehung.

Ich weiß nur, es wird regnen
Und hört so schnell nicht auf
Glaub mir, es wird kälter
Wann hört das wieder auf?

Ist da draußen kein Licht?
Wolken nehmen dir die Sicht
Auch im Regen
Auch im Regen

Siehst du mich
Wenn dein Boot untergeht
Und du gar nichts mehr verstehst
Auch im Regen
Selbst im Regen
Find ich dich

Bald siehst du Land
Halt bitte noch durch
Ich seh ganz sicher dort hinten ein Licht
Schwimm um den Verstand
Gib jetzt noch nicht auf
Ich führ dich aus diesem Irrgarten raus
(Rosenstolz: Auch im Regen)[31]

Fremdverliebt – wenn die Gefühle verrückt spielen

Vor einigen Jahren stellte ich (Melanie) plötzlich fest, dass ich Gefühle für einen anderen Mann entwickelte. Keine freundschaftlichen Gefühle, sondern ziemlich intensive, romantische Gefühle. Hilfe! Das war ein Schock für mich.

Da ich bereits mit 17 mit Simon zusammengekommen war, war es vorher auch schon mal passiert, dass ich z. B. im Studium einen Kommilitonen sehr nett und anziehend gefunden hatte. Aber diese Schwärmereien waren dann doch relativ schnell wieder verflogen und längst nicht so stark gewesen.

Diesmal jedoch hielten die Gefühle ziemlich lange an und wurden eher stärker als schwächer. Ich kämpfte mit mir, sprach mit einer Freundin darüber und schrieb in mein Tagebuch – all das tat mir

31. Rosenstolz – Auch im Regen. Text: Peter Plate, Ulf Leo Sommer, Anna R. Mit freundlicher Genehmigung des Partitur Musikverlag

gut, doch die Gefühle blieben. Zumindest eine ganze Weile, nämlich etwa anderthalb Jahre. Mal waren sie etwas dominanter, mal mehr im Hintergrund, aber ich war und blieb verliebt, und das war ziemlich hart für mich.

Da ich wusste, dass Simon sehr selbstbewusst und wenig eifersüchtig ist, vertraute ich mich ihm an. Ob das eine gute Idee ist, muss sicher jeder selbst entscheiden – je nachdem wie wichtig es einem ist, mit dem Partner darüber zu sprechen, und wie gut der Partner voraussichtlich damit umgehen können wird.

Simon reagierte tatsächlich ziemlich gelassen – für meinen Geschmack sogar etwas *zu* gelassen. Machte er sich denn gar keine Sorgen? Betrachtete er mich als so selbstverständlich? Doch im Grunde wusste ich, dass er mir einfach vertraute und sich unserer Liebe sehr sicher war.

Mich belasteten diese Gefühle allerdings in dieser Zeit immer wieder sehr. Ich wollte Simon nicht verlassen, doch ich spürte auch diese Sehnsucht nach diesem anderen Menschen, dem ich mich sehr nahe fühlte.

Und seien wir mal ehrlich: Vermutlich gibt es tatsächlich für jeden von uns mehrere potenziell passende Partner. Sobald wir uns für den einen entschieden haben, haben wir alle übrigen ausgeschlossen. Aber es kann natürlich passieren, dass uns ein anderer, der auch ziemlich gut zu uns gepasst hätte, dann später über den Weg läuft. Vielleicht sogar in einer Phase, in der die eigene Beziehung gerade nur so mittelmäßig läuft oder in einer Krise steckt.

Und dann kommt dieser Gedanke mit all seiner Wucht: „Was wäre, wenn?" Simon und ich befanden uns damals zwar nicht unbedingt in einer Krise, aber auch nicht in einer wirklich guten Phase. Einiges fühlte sich eingefahren, zu alltäglich an, und es gab ein paar Streitpunkte, die immer wieder Ärger machten. Trotzdem liebte ich Simon nach wie vor und wusste, dass wir zusammengehörten.

Und gleichzeitig waren da diese Gefühle, die einfach nicht schweigen wollten ... Es war eine echte Zerreißprobe!

Ich sprach in dieser Zeit mit einem Therapeuten, der mir sagte: „Gefühle können schwächer werden, wenn man sie lange genug ignoriert." Ich wunderte mich über diesen Satz, weil teilweise ja auch das Gegenteil der Fall ist: Wenn Emotionen und Impulse zu lange unterdrückt werden, können sie zunehmend an Macht gewinnen.

Doch ich unterdrückte meine Gefühle ja nicht völlig. Ich lebte sie nicht aus – aber ich schrieb sie nieder, redete gelegentlich darüber, und schließlich kam mir eine gute Idee, die mich sehr weiterbrachte: Ich schrieb einmal ganz unzensiert auf, was passieren könnte, wenn ich auf meine Gefühle für den anderen hören würde.

Schreiben Sie die Story zu Ende

Ich schrieb auf, wie es sein könnte, wenn ich nicht bereits vergeben wäre. Wie schön und abenteuerlich und erfüllend diese neue Beziehung sein würde. So, wie Verliebtheit eben ist – umwerfend, unglaublich beglückend und aufregend.

Doch dann zwang ich mich, die rosarote Brille abzusetzen und mir auch den Alltag mit diesem anderen Mann vorzustellen. Ich überlegte bewusst, was mir an ihm nicht gefiel. Welche Verhaltensweisen waren schwierig und könnten zu Streit führen? Welche Themen könnten Konflikte auslösen? Was an ihm fand ich vielleicht doch nicht ganz so attraktiv, was könnte mich nerven, wenn die Schmetterlinge im Bauch verschwunden waren?

Ich malte mir bewusst all das aus, was in jeder Beziehung früher oder später passiert, wenn der erste Zauber verfliegt: Stinkende Socken neben dem Bett. Haare in der Dusche. Unangenehmer Geruch, nachdem der andere das Bad benutzt hat. Abgeschnittene Fingernägel auf dem Boden. Erbrochenes des anderen aufwischen, der sich wegen einer Magen-Darm-Grippe nicht auf den Beinen halten kann.

Und auch intime Begegnungen sind anfangs oft gar nicht so toll wie in der Fantasie, weil man sich erst aufeinander einstellen muss. Da kann es helfen, sich auch absichtlich peinliche oder unangenehme Situationen im Bett vorzustellen.

Außerdem überlegte ich mir, wie ich mich ohne Simon fühlen würde. Was würde ich an ihm vermissen? Was teile ich mit ihm, was ich in einer anderen Beziehung so nicht finden könnte? Welche gemeinsamen Ziele und Träume würden damit begraben werden?

Welche Folgen hätte es für meine Kinder, wenn die Fantasie Realität werden würde?

Auch wenn ich den Mann, der mich so durcheinanderbrachte, sah, achtete ich absichtlich auf Handlungen oder Äußerlichkeiten, die mir nicht so gut gefielen. Das klingt ein wenig fies, ist aber unheimlich wirksam, weil es hilft, den anderen realistischer zu sehen und dadurch ein wenig mehr auf den Boden der Tatsachen zurückzufinden.

Jedem, der sich in einer ähnlichen Situation befindet, empfehle ich außerdem den Film „Take This Waltz". Darin wird im Grunde genau das geschildert, was ich gerade beschrieben habe: Eine Frau ist ein wenig gelangweilt von ihrer Beziehung, begegnet einem anderen Mann und ist hin und weg. Schließlich entscheidet sie sich, ihren Partner zu verlassen, und beginnt eine Beziehung mit dem neuen Mann.

Anfangs ist alles aufregend, erotisch, wunderbar. Doch dann kehrt, wie immer, nach und nach die Normalität ein. Und am Ende stellt man als Zuschauer fest, dass ihr Alltag wieder genauso verläuft wie zuvor – nur mit einem anderen Mann. Das klingt nach einer alten, längst bekannten Geschichte, aber trotzdem ist es gut, sie mal konsequent zu erzählen und zu zeigen. Denn genau das passiert, wenn wir immer wieder unseren Gefühlen nachjagen: Wir erleben kurzes Glück und dann stellt sich unweigerlich der Alltag ein.

Ernüchterung macht sich breit und wenn wir dann nicht bereit sind zu lernen, wie wir aus der Verliebtheit Liebe wachsen lassen können, finden wir uns in einem ewigen Kreislauf aus kurzen Beziehungen und schmerzhaften Trennungen wieder.

Deshalb ist es wichtig, sich in solchen Situationen vor Augen zu führen: Der Hormonsturm zu Beginn einer neuen Beziehung wird nur eine kurze Zeit dauern. Dann werden die Gefühle nachlassen und der Alltag wird auch in dieser Beziehung seinen Tribut fordern.

Wir sollten uns fragen: Ist es das wirklich wert? Lohnt es sich wirklich, für ein kurzes Abenteuer, auf das definitiv Ernüchterung folgen wird, das, was mein Partner und ich aneinander haben, zu riskieren? Wahre Liebe ist viel tiefer und kostbarer als das berauschende, aber sehr flüchtige Verliebtsein.

Nachdem ich all das durchdacht und aufgeschrieben hatte, waren die Gefühle zwar nicht weg, aber etwas schwächer. Und der Therapeut sollte recht behalten: Langsam, sehr langsam traten sie immer mehr in den Hintergrund.

Welche Sehnsucht projiziere ich auf den anderen?

Andere Menschen können sehr attraktiv und aufregend wirken, weil so vieles an ihnen neu ist. Wir kennen ihre Schwächen und Fehler noch nicht und können deshalb unsere Wünsche und Sehnsüchte auf sie projizieren wie auf eine noch leere Leinwand.

Oft verlieben wir uns auch dann fremd, wenn uns selbst gerade etwas Wichtiges fehlt – in unserer Liebesbeziehung oder ganz allgemein.

Deshalb ist es hilfreich, einmal zu überlegen: Was fasziniert mich an diesem Menschen besonders? Was finde ich vielleicht an ihm gerade so attraktiv, weil ich gern mehr davon in meinem Leben hätte? Löst das Zusammensein mit ihm etwas in mir aus, das ich schon lange vermisse? Beispiele dafür sind Lebensfreude, Spontaneität, Kreativität, tief gehende Gespräche, Musik, Kunst, Ehrgeiz, Gelassenheit, das Gefühl, begehrt zu werden …

Der nächste Schritt wäre, dass ich mich frage, wie ich in meinem Leben oder in meiner jetzigen Beziehung mehr von dem, was mir fehlt, erreichen kann. Gibt es konkrete Veränderungen, die ich vornehmen könnte? Wäre es vielleicht sinnvoll, den Rat einer guten Freundin oder eines Therapeuten einzuholen?

Eine weitere Frage lautet: Würde Sex mit dem anderen wirklich so viel ändern? Es würde sich vielleicht gut anfühlen – auch hier sagen wir ganz bewusst „vielleicht“, denn meistens brauchen Menschen ja auch sexuell etwas Zeit, um sich aufeinander einzustellen und sich wirklich fallen zu lassen. Aber würde ich dadurch tatsächlich das bekommen, wonach ich mich sehne und was ich in dem anderen vermute? Besteht da wirklich ein Zusammenhang? Wenn es hingegen „nur“ um eine bestimmte Gemeinsamkeit geht, die mich stark mit dem anderen Menschen verbindet: Braucht es dann wirklich Sex, um sich an dieser Gemeinsamkeit zu freuen? Oder kann ich die Verbundenheit auch platonisch genießen, wie in einer Freundschaft oder Geschwisterbeziehung? Kann die Verbindung nicht auch so schön und wertvoll sein, ohne dass wir sie durch Sex oder einen geteilten Alltag komplizierter machen? Möglicherweise wäre sie dann gar nicht mehr so schön, wie sie jetzt ist.

Oder wenn ich weniger an Sex als vielmehr an ein gemeinsames

Leben denke – würde sich dadurch meine Sehnsucht wirklich erfüllen? Denn das, was ich an dem anderen attraktiv finde, bleibt ja seines und geht nicht automatisch auf mich über. Und andersherum kann ich vermutlich das, was mich an ihm fasziniert, auch in mir selbst oder in meiner Beziehung finden, sofern ich es erkenne und daran arbeite.

Womöglich gibt es bestimmte Bedürfnisse, die mir dieser eine Mensch tatsächlich besser erfüllen könnte als jeder andere. Vielleicht haben wir eine besondere Gemeinsamkeit, die ich mit meinem jetzigen Partner nicht teile. Doch ganz sicher würden dafür andere Dinge auf der Strecke bleiben – denn es hatte ja auch seinen Grund, dass ich mich damals in meinen jetzigen Partner verliebt habe.

Reden Sie mit Ihrem Partner über die Sehnsüchte und unerfüllten Bedürfnisse, die Sie erkannt haben. Und fragen Sie auch ihn, was ihm gerade fehlt und wovon er sich mehr wünschen würde.

Das war der andere gute Rat, den der Therapeut mir gab: Geben Sie erst einmal Ihrer jetzigen Beziehung noch eine faire Chance. Machen Sie sich bewusst, was Sie aneinander haben, und investieren Sie in diese Beziehung.

Entfremdung

„Wir haben uns auseinandergelebt“ ist ein Satz, den man bezogen auf Scheidungen häufig hört.

Und tatsächlich erleben die meisten Paare Phasen von emotionaler Kälte und Distanz. Es fühlt sich an, als wäre alles, was einen verbunden hat, mit den Jahren immer weniger geworden oder sogar nie wirklich real gewesen. Man wohnt unter demselben Dach und fühlt sich doch meilenweit voneinander entfernt.

Besonders groß ist das Risiko für solche Entwicklungen, wenn beide Partner einen sehr unterschiedlichen Alltag haben. Viele Paare, die sich für die traditionelle Rollenverteilung entschieden haben, empfinden diese als praktisches, vielleicht auch einzig sinnvolles Arrangement. Häufig verdienen Männer noch immer mehr oder es gibt in ihrem Bereich keine Teilzeitstellen. Zudem fällt es manchen Frauen schwer, ihrem Mann einen großen Teil der Verantwortung für Kinder und Haushalt anzuvertrauen. Alte Rollenmuster sitzen eben tief.

Doch selbst wenn beide mit dieser Arbeitsverteilung zufrieden sind, sollten sie besonders darauf achten, viel miteinander zu reden, sich für den Alltag des anderen aufrichtig zu interessieren und Gemeinsamkeiten weiter zu pflegen. Denn die Tätigkeiten eines berufstätigen Menschen und einer Vollzeit-Familienmanagerin unterscheiden sich sehr stark voneinander, und so kann mit der Zeit das Gefühl aufkommen, dass man einander nicht mehr verstehen kann.

Natürlich kann eine Entfremdung auch zwischen Partnern entstehen, die sich Familienarbeit und Berufstätigkeit aufteilen: Womöglich gibt man sich häufig nur die Klinke in die Hand und hat kaum noch freie Zeit füreinander. Dann sind zwar die täglichen Herausforderungen ähnlicher, aber es fehlt die Zeit, um einander wirklich nahezubleiben.

Nähe in einer Liebesbeziehung erscheint oft als Selbstverständlichkeit, doch wenn wir sie nicht pflegen und beschützen, kann sie von Hektik und Zeitdruck zunehmend aufgefressen werden. Deshalb müssen wir bewusst dafür sorgen, dass wir über unseren Partner „auf dem Laufenden" bleiben. Zu diesem Zweck ist es hilfreich, regelmäßig, zum Beispiel einmal die Woche, Zeit einzuplanen, in der wir herausfinden: Wie geht es dem anderen gerade? Was belastet ihn, worüber freut er sich? Welche Dinge beschäftigen ihn? Weitere passende Fragen finden Sie in unserem Ehe-Quiz in Kapitel 7 unter der Überschrift „Celebrate your marriage".

Wenn Sie feststellen, dass zwischen Ihnen und Ihrem Partner

bereits eine gewisse Entfremdung eingetreten ist, bedeutet das aber nicht, dass nun alles verloren wäre. Denn das, was Sie einmal verbunden hat, ist immer noch da: Es ist nur verschüttet unter all dem Staub des Alltags und vielleicht auch dem Schutt einiger Krisen und Verletzungen, die Sie nicht miteinander, sondern eher gegeneinander durchlebt haben.

Falls Ihnen bewusst wird, dass alte Verletzungen und Bitterkeit eine Rolle spielen, können Sie gern ein paar Seiten weiterblättern: Wir werden uns in diesem Kapitel noch damit befassen, wie man mit Konflikten umgehen sollte. Fehlerfreundlichkeit und Vergebung sind in diesem Zusammenhang ein wichtiges Thema – Sie finden ein paar Worte dazu auf S. 235.

Wenn Sie jedoch merken, dass Sie sich einander lediglich fremd fühlen, emotional und/oder sexuell, dann versuchen Sie doch mal Folgendes:

Sprechen Sie offen mit Ihrem Partner über die Entfremdung, die Sie wahrnehmen. Fragen Sie ihn, wie er das erlebt, und machen Sie ihm keine Vorwürfe. Reden Sie nicht von „Schuld", sondern einfach davon, dass Sie einander ein wenig im Alltag verloren haben. Versichern Sie sich gegenseitig, dass Sie Ihrer Beziehung gern eine neue Chance geben würden, damit Sie einander wieder näherkommen können. Fragen Sie Ihren Partner, welche Veränderungen er sich wünschen würde.

Nutzen Sie dann die bereits erwähnten Fragen oder die aus dem Ehe-Quiz, um sich einander mitzuteilen und wieder besser zu begreifen, wo der andere gerade steht. Reservieren Sie feste Zeiten für intensive Gespräche und entspannte Zweisamkeit mit Aktivitäten, die Sie beide genießen (oder, falls es davon wenige gibt, wechseln Sie sich damit ab, wer das Programm bestimmen darf).

Erinnern Sie sich miteinander und auch allein, vielleicht mit einem Tagebuch, an die Zeit, in der Sie sich kennenlernten. Was gefiel Ihnen an Ihrem Partner? Was verband Sie miteinander? Vielleicht sind einige dieser Eigenschaften heute ein wenig versteckt, doch wo können Sie sie noch immer entdecken? Und in welcher Hinsicht haben auch Sie selbst sich verändert?

Wecken Sie einmal bewusst Eifersucht in sich. Hier mal aus Frauenperspektive, für den Mann gilt das Gleiche umgekehrt: Stellen Sie sich vor, Ihr Mann würde eine andere Frau küssen. Was würde die andere Frau, die Ihren Mann begehrt, über Ihren Partner sagen? Was könnte sie an ihm toll und attraktiv finden?

Was würden Sie selbst an Ihrem Partner vermissen, wenn er Sie verlassen würde? Oder wenn er sterben würde?

Schreiben Sie einmal bewusst alle positiven Eigenschaften Ihres Partners auf. Gerade in stressigen Phasen neigt unsere Wahrnehmung dazu, verzerrt zu sein und beinahe ausschließlich Negatives zu registrieren.

Sich einmal bewusst das Positive vor Augen zu führen, ist dann kein künstlicher Optimismus. Vielmehr hilft es, wieder realistischer zu sein – denn in der Realität existiert beides, Positives und Negatives. Ihr Partner hat sowohl wunderbare als auch nervtötende Eigenschaften. So wie Sie selbst übrigens auch …

Oft ist es hilfreich, in solchen Phasen intensive Paarzeiten einzuplanen, zum Beispiel ein paar Tage Urlaub oder ein Paarseminar. Ein Umgebungswechsel kann sehr wertvoll sein, um einander neu zu entdecken.

Sexflauten in dauerhaften Beziehungen

Auch im sexuellen Bereich können Eintönigkeit und Distanz eintreten. Besonders Frauen, aber auch Männern, fällt es oft schwer, in einem vollen Alltag abends noch lustvolle Gefühle zu entwickeln.

Wenn dann ohnehin ein Gefühl emotionaler Fremdheit besteht, blockiert das zusätzlich das Intimleben.

Manchmal ist es jedoch nicht die Entfremdung, sondern ein Gefühl zu großer Nähe, das Erotik im Keim erstickt. Man fühlt sich eher wie Bruder und Schwester – und das ist wenig antörnend. Die Masse an Ratgebern und Artikeln zu diesem Thema zeigt: Diese Entwicklung ist eine ganz normale. Um die Lust auch nach vielen Jahren lebendig zu halten, müssen Paare sie bewusst hegen und pflegen.

Wir möchten Sie ermutigen, auch Ihrer sexuellen Beziehung zueinander hohe Priorität einzuräumen. Schon in der Bibel werden Paare angehalten, nicht grundlos längere Zeit auf Geschlechtsverkehr zu verzichten.

Einige sprechen hier auch von einer „ehelichen Pflicht", was ziemlich altmodisch klingt. Aber die Verantwortung für diesen Bereich, die dadurch deutlich wird, finden wir sehr wichtig. Indem zwei Menschen sich gegenseitig ihr Jawort geben, versprechen sie sich auch, einander in diesem Bereich nahe zu sein.

Das bedeutet nicht, dass es nicht auch Phasen der Enthaltsamkeit geben kann – zum Beispiel notwendigerweise nach einer Geburt oder wenn ein Partner gerade eine akute Krise durchlebt und sexuell überhaupt nicht ansprechbar ist.

Doch das ist etwas anderes als Sexentzug, womöglich als offene oder versteckte „Bestrafung", oder ständige Ausflüchte wie Kopfschmerzen oder Müdigkeit. Menschen haben nun einmal das Bedürfnis nach sexueller Befriedigung.

Natürlich ist es durchaus möglich, seinen Trieb zeitweise nicht auszuleben – wir sind schließlich keine Tiere. Doch wenn ein Partner dem anderen dauerhaft Sex verweigert, ohne die Bereitschaft, an dem dahinterliegenden Problem zu arbeiten, nimmt er einen wichtigen Teil seiner ehelichen Verantwortung nicht ernst. Denn Sex ist sehr viel mehr als die Erfüllung von körperlichen Bedürfnissen – diese intime Begegnung hat auch eine tiefe spirituelle Dimension. In der Bibel wird Sex u. a. als gegenseitiges „Erkennen“ bezeichnet und als „Ein-Fleisch-Werden“. Ihr Intimleben ist also auch eine Begegnung und enge Verbindung Ihrer Seelen, nicht nur Ihrer Körper.

Damit möchten wir natürlich niemanden auffordern, sich zum Sex zu zwingen. Doch wenn es Ihnen wirklich unmöglich erscheint, mit Ihrem Partner zu schlafen, sollten Sie das nicht einfach hinnehmen und von Ihrem Partner verlangen, irgendwie damit zurechtzukommen.

Sondern Sie sollten Ihre Verantwortung für Ihre Beziehung ernst nehmen, indem Sie aktiv an dem Problem arbeiten – mithilfe von Büchern wie diesem und Angeboten wie Eheberatung und Ehetherapie.

Als Maßnahmen zur Ersten Hilfe bei sexueller Langeweile und Entfremdung möchten wir Ihnen Folgendes raten:

Wecken Sie Genuss auch auf anderen Sinnesebenen, zum Beispiel durch bewusstes Essen, entspanntes und aufmerksames Hören von Musik (vielleicht auch gemeinsam), reine Streicheleinheiten und Massagen, die *nicht* zu Sex führen.

Lesen Sie inspirierende Bücher zum Thema, z. B. „Liebeslust“ von Veronika Schmidt, „Besser als Sex ist besserer Sex“ von Theresa Bäuerlein und Tom Eckert und „Wild Life: Die Rückkehr der Erotik in die Liebe“ von Esther Perel.

Überlegen Sie sich, was Sie sexuell reizen würde. Schreiben Sie Ihre Fantasien einfach mal ungefiltert auf – auch solche, die Sie nicht wirklich umsetzen möchten. Vielleicht trauen Sie sich sogar, die Liste Ihrem Partner zu zeigen …

Im nächsten Schritt können Sie überlegen: Was würden Sie gern einmal mit Ihrem Partner ausprobieren? Was könnten Sie mal verändern – auch Kleinigkeiten, die frischen Wind in das Intimleben bringen? Was müsste anders sein, damit Ihnen die sexuellen Begegnungen mehr Vergnügen bereiten? Reden Sie ehrlich mit Ihrem Partner darüber!

Thematisieren Sie körperliche Ursachen für mangelnde Lust, z. B. hormonelle Verhütungsmethoden, Antidepressiva und andere Medikamente, und suchen Sie gegebenenfalls nach Alternativen. Verschreiben Sie sich für sieben bis zehn Tage folgende „Kur“: Sie dürfen in dieser Zeit nicht miteinander schlafen (auch keine Berührungen in der Bikinizone), sollten sich aber jeden Tag ein wenig Zeit nehmen, um einander zu berühren. Massagen, Streicheln, Küssen, Kraulen, Kuscheln … aber kein Sex! Das hilft, körperliche Berührungen wieder mehr zu genießen, ohne den Druck zu haben, gleich miteinander schlafen zu „müssen“, und facht oft die Leidenschaft neu an.

Danach machen Sie für sieben bis zehn Tage genau das Gegenteil: Sie schlafen jeden Tag miteinander, ob Sie Lust haben oder nicht. Denn manchmal hilft auch eine „Just do it“-Einstellung. Dabei sollten Sie vorher besprechen, was Sie an Ihrem Sexleben gern ändern oder mal ausprobieren würden – und dies, wenn beide einverstanden sind, umsetzen oder gegebenenfalls Kompromisse finden.

Nehmen Sie sich außerdem bewusst vor, einander auch während des Geschlechtsverkehrs zu sagen, wenn etwas sich nicht gut anfühlt, oder konkrete Wünsche zu äußern.

Wie bereits bezüglich emotionaler Entfremdung erwähnt, ist die scheinbare Selbstverständlichkeit des Partners eine Illusion. Wir meinen nach vielen Jahren oft, ein Anrecht auf unseren Partner zu haben. Und das schadet der Lust, weil etwas, das jederzeit verfügbar scheint, oft wenig Begehren weckt.

Der mittelalterliche Spruch „Memento mori“ (lat. „Gedenke zu sterben“) klingt makaber, doch manchmal ist es ganz gut, sich die Vergänglichkeit unseres Lebens vor Augen zu führen. Es ist keineswegs so, dass Sie Ihren Partner „besitzen“. Jeden Tag könnte ihm oder Ihnen etwas zustoßen.

Alternativ hilft es auch, sich mal bewusst vorzustellen, wie ein anderer, attraktiver Mensch sich in den Partner verliebt und versucht ihn zu verführen – auch das ist alles andere als unwahrscheinlich! Was würde er/sie an Ihrem Partner toll finden? Welche Gefühle löst das in Ihnen aus?

Schauen Sie sich doch mal einen guten Film an, der Sie daran erinnert, wie wertvoll eine lebenslange Beziehung ist und wie sehr es sich lohnt, dafür zu kämpfen – z. B. „Wie ein einziger Tag“. Ihre Ehe ist die Mühe wert!

Umgang mit Konflikten

Viele Erwartungen, die wir an eine Partnerschaft stellen, aber auch Konflikte und Probleme haben ihren Ursprung in Erlebnissen während unserer Kindheit oder Jugend.

Bei der Formulierung „Arbeit mit dem inneren Kind“ denken wir vielleicht zuerst an esoterisches Brimborium, doch damit tun wir diesem sehr hilfreichen Ansatz unrecht. Denn dass Kindheitserfahrungen unsere Persönlichkeit zutiefst prägen, daran wird wohl kaum jemand mehr Zweifel äußern.

Und deswegen ist es ein durchaus hilfreiches Bild, dass dieses Kind, das wir früher mal waren, immer noch Teil unseres Lebens ist und unsere Wahrnehmung und unser Verhalten mit beeinflusst. Ja klar, Sie sind nun erwachsen, und es ist toll, dass Sie über viele Ängste und Probleme Ihrer Kindheit hinausgewachsen sind und inzwischen so vieles gemeistert haben. Freuen Sie sich darüber!

Doch natürlich gibt es auch heute noch Ängste, Ärger, Bitterkeit, Wut oder andere negative Elemente in Ihrem Leben, und diese sind oft eng verknüpft mit negativen Erfahrungen während Ihrer Kindheit. Es ist, als würde das kleine Kind, das Sie mal waren, gelegentlich wieder lebendig werden und nach Trost und Zuneigung schreien.

Vielleicht waren Sie als Kind ein Außenseiter und reagieren deshalb jetzt sehr empfindlich auf Verhaltensweisen, die Ihnen das Gefühl geben, unerwünscht zu sein. Oder Sie haben sich von Ihren Eltern vernachlässigt gefühlt und werden deshalb schnell wütend, wenn Ihr Partner mal unaufmerksam ist.

Nicht immer sind die Zusammenhänge so deutlich erkennbar. Aber für jeden lohnt es sich, einmal bewusst seine Kindheit mit all ihren Herausforderungen und prägenden Umständen zu reflektieren und an den Konsequenzen, die diese Erfahrungen haben, zu arbeiten.

Es kann helfen, dem eigenen inneren Kind mit seinen Ängsten und Verletzungen einmal in der Vorstellung gegenüberzutreten, mit ihm zu sprechen und es zu trösten. Dazu gibt es verschiedene Übungen, z. B. einen Briefwechsel zwischen Ihnen selbst als Kind und Ihnen selbst als Erwachsener. In „Das Kind in dir muss Heimat finden“ vermittelt Stefanie Stahl viele wertvolle Einsichten.

Liebe oder ein Ruf danach

Marianne Williamson behauptet: „Alles, was der Mensch tut, ist entweder eine Handlung aus Liebe oder ein Ruf nach Liebe."[32] Eine steile These, nicht wahr?

Natürlich sollten Sie sich nicht alles gefallen lassen und natürlich müssen Probleme besprochen werden. Dennoch hilft es, negative Verhaltensweisen unseres Partners oder unserer Kinder mal bewusst *nicht* als Angriff zu deuten, sondern uns zu fragen: Welches unbewusste Motiv könnte hinter diesem Verhalten stehen? Wenn es keine Liebe ist, könnte dann ein tiefer Mangel an Liebe oder, was damit eng verbunden ist, eine tief sitzende Angst die Wurzel dieses Verhaltens sein?

Es versteht sich von selbst, dass wir Menschen im Laufe unseres Lebens manche Gewohnheiten entwickeln – doch auch diese Gewohnheiten haben irgendwo ihren Ursprung. Oft dienen sie dem Selbstschutz oder entspringen negativen Grundannahmen, die auf Kindheitserlebnissen beruhen. Egoistisches Verhalten kann beispielsweise eine Folge einer Kindheit sein, in der ein Mensch ständig das Gefühl hatte, zu kurz zu kommen.

Stellen Sie sich doch bei Konflikten Ihren Partner einmal als Kind vor: Unter welchen Bedingungen wächst dieses Kind auf? Was gibt ihm Freude und Mut? Was belastet und verängstigt dieses Kind? Weshalb ist es manchmal traurig? Vielleicht können Sie Ihren Partner in einem ruhigen Moment danach fragen.

Letztlich ist jeder Mensch so ein verletzliches, liebesuchendes, lebenshungriges und manchmal auch ängstliches Kind – nur, dass das Kind gewachsen ist.

Diese Vorstellung hilft oft, eine barmherzigere Haltung mit mehr

32. Marianne Williamson: Rückkehr zur Liebe. Goldmann 2014

Großzügigkeit für die Schwächen unseres Gegenübers zu entwickeln und uns bewusst zu machen: Wir Menschen erleben die Welt ganz unterschiedlich. Deswegen kann für Ihren Partner ein Verhalten „logisch“ sein, welches Sie als völlig unsinnig empfinden.

Die Fehler des anderen und ich selbst

Manchmal stören uns Eigenschaften unseres Partners auch deshalb, weil sie in einem Zusammenhang mit unseren eigenen Problemen oder Wünschen stehen.

„Wir sind gegen keine Fehler an anderen intoleranter, als welche die Karikatur unserer eigenen sind“, erkannte Franz Grillparzer. Vielleicht mache ich selbst ja ganz ähnliche Fehler in anderen Bereichen. So kann es sein, dass ich mich darüber ärgere, dass mein Partner keinen Sport treibt und sich „gehen lässt“, ich selbst aber meiner Gesundheit durch schlechte Ernährung, zu wenig Schlaf oder andere Verhaltensweisen schade? Oder die Faulheit des anderen stört mich, weil ich mir selbst mehr Genuss und Freizeit wünsche. Unbewusst macht es mich dann wütend, dass mein Partner sich etwas gönnt, das ich mir selbst verweigere. Dann kann es hilfreich sein zu schauen, wie ich besser für mich selbst sorgen kann.

Liebe als Regisseur

Gerald Jampolsky fragt in seinem Buch „Lieben heißt die Angst verlieren“: „Will ich recht haben oder will ich glücklich sein?“

Setzen Sie die richtigen Prioritäten. Manchmal ist es besser, nicht zu „gewinnen“, aber dafür miteinander glücklich zu bleiben oder es wieder zu werden. Der Autor spricht außerdem von der Liebe als Regisseur unseres Geistes – ein Grundsatz, den auch die Bibel kennt, wenn sie uns auffordert, uns von der Liebe leiten zu lassen.

Ich kann nicht bestimmen, was mir passiert, aber ich kann steuern, wie ich darüber denke, wie ich das, was geschieht, bewerte: Sehe ich nur das Negative? Oder konzentriere ich mich auf das Positive, auf die Hoffnung, auf das Gute, das trotz des Schlechten da ist?

Wir bestimmen selbst, ob wir uns auf das Positive oder auf das Negative konzentrieren – auf das, was uns verbindet, oder das, was uns trennt.

In dem Buch „The Anatomy of Peace" vom Arbinger Institute wird anhand einer Pyramide veranschaulicht, wie gute zwischenmenschliche Beziehungen funktionieren: Der absolute Großteil der Zeit sollte darin investiert werden, sich gegenseitig zu unterstützen und einander nahe zu sein. Nur die Spitze der Pyramide, also ein sehr geringer Teil der Zeit, sollte sich der Auseinandersetzung mit Fehlern und Problemen widmen.

Das ist ein wichtiger Hinweis für Eltern und Paare. Wenn Sie die englische Sprache beherrschen, empfehlen wir Ihnen wärmstens, dieses Buch zu lesen. Es erklärt äußerst weise den Ursprung zwischenmenschlicher Konflikte und Strategien für die wirksame Lösung von Konflikten – sowohl mit den Kindern als auch in der Ehe.

Unlösbare Konflikte

Die meisten Paare kennen unlösbare Probleme: Konflikte, die immer wieder auftreten, oder Meinungsverschiedenheiten, in denen einfach keine Einigung gefunden wird.

Bei uns ist ein solches Thema das Computer-Spielverhalten von Simon. Er hat als Kind und Jugendlicher extrem viel gespielt, und noch immer sitzt er, außer im Urlaub, fast täglich zumindest kurz vor einem Computerspiel – manchmal aber auch deutlich zu lange, wie Melanie findet.

Sie regt sich immer mal wieder darüber auf, wie viel Zeit Simon für so etwas „Sinnloses“ vergeudet. Denn sie ist ein sehr ehrgeiziger, disziplinierter Mensch, der sich manchmal auch übernimmt. Simon ist ein verantwortungsbewusster und hilfsbereiter Ehemann und Vater, aber er legt auch viel Wert auf Zeiten, in denen er sich zurücklehnen und Spaß haben kann. Das ist für ihn das Computerspielen.

Letztlich sehen wir beide darin auch eine Chance, voneinander zu lernen, nämlich eine gute Balance zwischen Arbeit und Erholung zu finden. Doch so richtig in der Mitte getroffen haben wir uns dabei noch nicht.

Manchmal, wenn der Haushalt mal wieder besonders chaotisch ist und Simon entspannt zockt, wird Melanie richtig wütend. Simon findet dann, dass Melanie übertreibt und nicht anerkennt, was er alles macht. Und dann kommt es auch immer mal wieder zu Streit.

Doch letztlich – ist das wirklich ein Grund, sich zu trennen? Wollen wir deshalb tatsächlich alles andere, was uns verbindet, für nichtig erklären? Wenn wir diese Frage mit Nein beantworten, obwohl anscheinend zurzeit keine Lösung gefunden werden kann – was nützt es dann, sich weiter zu streiten?

Auch das ist ein Gedanke der Achtsamkeit: Leid entsteht durch Widerstand gegen das, was ist. Manchmal gilt es, bestimmte Konflikte anzunehmen, stehen zu lassen und einander zu sagen: „Ich liebe dich trotzdem. Und wir finden einen gemeinsamen Weg.“

Das liebe Geld …

Finanzen führen immer mal wieder zu Konflikten. In solchen Situationen ist es sinnvoll, dass beide Partner ihre momentane Einstellung zu Geld kritisch prüfen. Geld hat eine wichtige Funktion, doch es kann einen zu großen Platz in unserem Denken und Handeln einnehmen. Wenn Geld uns zu wichtig ist, machen wir unser Glück von etwas sehr Unsicherem abhängig und beschneiden unsere eigene Freiheit.

In dem Roman „Das Café am Rande der Welt“ erzählt ein Mann von einem Teufelskreis des Geldverdienens: Er arbeitet sehr viel und meint deshalb, sich etwas Kostspieliges gönnen zu müssen, um sich zu belohnen. Um sich das aber weiter leisten zu können, muss er noch mehr arbeiten … und so weiter.

Später wird von einem Dialog zwischen einem Geschäftsmann und einem Fischer berichtet (basierend auf der „Anekdote zur Senkung der Arbeitsmoral“ von Heinrich Böll). Der Fischer arbeitet jeden Tag ein paar Stunden, bis er genügend Fische gefangen hat, und genießt den Rest des Tages mit seiner Familie. Der Geschäftsmann rät dem Fischer, mehr zu arbeiten, um mehr Fische zu fangen und ein Geschäft aufzubauen.

Als der Fischer ihn fragt, warum er das tun sollte, weist der Geschäftsmann ihn darauf hin, dass er dadurch viel Geld verdienen und dann eines Tages seinen Ruhestand genießen könnte. Nun überlegen beide, was der Fischer in seinem Ruhestand tun würde. Da wird deutlich, dass er am liebsten jeden Tag ein wenig fischen und Zeit mit seiner Familie verbringen würde – wobei seine Kinder dann wohl schon erwachsen wären.

Wir folgen oft dem gleichen sinnlosen Plan, den der Geschäftsmann dem klugen Fischer vorschlägt: Wir widmen unsere besten Jahre dem Arbeiten, um dann eines Tages das Leben genießen zu können. Doch wer weiß, ob dieser Tag kommt? Und wer weiß, wer dann noch an unserer Seite sein wird?

Lassen Sie uns aufhören, unser Glück zu verschieben. Überlegen Sie vielmehr, was Sie wirklich glücklich macht – und wie viel Geld Sie dafür tatsächlich brauchen.

Vielen Paaren hilft das Führen eines Haushaltsbuches. Wenn

Geld zu Streit führt, ist es auch sinnvoll, einmal ganz realistisch durchzurechnen: Wie viel Geld steht uns zur Verfügung? Wie viel davon brauchen wir für Notwendigkeiten wie Essen, Miete und so weiter? Wie viel wollen wir zurücklegen? Wenn dann noch etwas übrig bleibt, kann das als „Taschengeld" auf die Erwachsenen (und je nach Alter auf die Kinder) zur freien Verfügung aufgeteilt werden.

Wichtig erscheint uns auch bei diesem Thema, einander wirklich als Team zu sehen. Wenn zum Beispiel nur einer der beiden Partner das Geld verdient, sollten Sie ruhig einmal durchrechnen: Wie teuer wäre es, wenn Sie für die Arbeit des anderen Partners – also Haushalt und Kinderbetreuung – jemanden einstellen und bezahlen müssten?

Gerade bei größeren Ausgaben ist es zudem hilfreich, Kosten und Nutzen gut abzuwägen. So sind Flugreisen oder lange Urlaube mit kleinen Kindern oft eher stressig als wirklich erholsam, sodass man in diesen Jahren das Geld für größere Urlaube vielleicht besser spart.

Fehlerfreundlichkeit und Vergebung

Vergebungsbereitschaft ist eine wichtige Haltung für ein glückliches Ehe- und Familienleben. Wer jemandem etwas „nachträgt", trägt diese Last nämlich letztlich selbst, weil er von negativen Gefühlen belastet wird.

Doch nicht nur deshalb sollten wir anderen Menschen vergeben, sondern auch weil Fehlermachen einfach zum Leben dazugehört und uns selbst ebenfalls immer wieder Fehler unterlaufen werden.

Natürlich bedeutet das nicht, dass man sich alles gefallen lassen muss. Verletzungen sollten ehrlich angesprochen werden – dann sollte es aber auch möglich sein, die Schuld auf beiden Seiten loszulassen. Manchmal ist dabei seelsorgerliche Begleitung hilfreich.

Als Eltern sollten wir unseren Kindern ein gutes Vorbild sein, indem wir Fehler (auch ihnen gegenüber) zugeben, uns entschuldigen und, wenn möglich, Schaden wiedergutmachen.

Das ist viel besser, als unsere Kinder zu drängen, sich dafür zu entschuldigen, wenn sie etwas falsch gemacht haben. Mit der Zeit würde dies nämlich dazu führen, dass sie Entschuldigungen nur als leere und damit oft auch unehrliche Floskel nutzen.

Man kann sich als Eltern auch stellvertretend entschuldigen und dadurch einem Kind deutlich machen, was es mit seinem Verhalten angerichtet hat. Wenn es ihm dann wirklich leidtut, kann man ihm vorschlagen, sich persönlich zu entschuldigen – die Entscheidung sollte aber bei dem Kind selbst liegen.

Dankbarkeit, Wertschätzung und Glück

Wertschätzung und Dankbarkeit sind Haltungen, die wir in unseren Beziehungen unbedingt brauchen. Wir sollten die Menschen, die wir lieben, nie für selbstverständlich halten. Vieles, was wir einfach als gegeben hinnehmen, kann so schnell vorbei sein. Menschen werden krank, ziehen fort oder sterben – und dann bereut man oft, wie wenig man ihre Gegenwart zu schätzen wusste.

Deshalb: Sagen Sie Ihrem Partner und Ihren Kindern immer wieder, was Sie an ihnen lieben, wie wichtig sie Ihnen sind. Danken und ermutigen Sie einander im Alltag.

„Unser Leben ist das, wozu unser Denken es macht“, erkannte Marc Aurel und auch die Bibel fordert uns auf, unsere Gedanken auf das Gute zu richten.

Pessimisten werfen Optimisten manchmal Naivität vor. Doch tatsächlich gibt es im Leben beides – gute und schlechte Erfahrungen, Uneinigkeit und Harmonie, Liebe und Hass. In unserem Leben gibt es viel Anlass zu Dankbarkeit und viel Grund zur Klage.

Beides hat seinen Raum, aber wir müssen uns für einen Grundton entscheiden. Wir müssen uns entscheiden, worauf wir unseren Fokus richten und wovon wir uns bestimmen lassen wollen.

In ihrem Buch „Tausend Geschenke" berichtet Ann Voskamp von ihren Erfahrungen mit dem Thema „Dankbarkeit". Sie beginnt eine Liste mit 1000 Punkten zu erstellen, für die sie dankbar ist. Dadurch schärft sich ihr Blick für all die kleinen Wunder und Glücksmomente im Alltag, die wir sonst so leicht übersehen.

Auch die Haltung der Achtsamkeit rät uns, uns nicht von Verletzungen der Vergangenheit oder von Sorgen um die Zukunft beeinträchtigen zu lassen. Die Vergangenheit ist vorbei und die Zukunft noch nicht da. So vieles kann passieren, das all unsere Pläne zunichtemacht oder Probleme, die uns Sorgen bereiten, plötzlich löst. Das Einzige, was wir wirklich besitzen und gestalten können, ist das Heute.

Glücklich der Mensch, glücklich er allein,
der das Heute ganz besitzen kann,
der, in sich ruhend, sagen kann:
„Morgen sei es noch so schlimm, ich hab heut gelebt."
(Horaz)

Dieses Leben in der Gegenwart, erfüllt von Dankbarkeit und Zuversicht, hat einen unbeschreiblich positiven Effekt auf unser Ehe- und Familienleben. Auch unseren Kindern vermitteln wir dadurch eine unbezahlbar wertvolle Haltung, die ihnen in ihrem gesamten weiteren Leben helfen wird. Pflegen Sie in Ihrer Familie bewusst einen Lebensstil der Dankbarkeit und Freude. Nehmen Sie die Dinge mit Humor, lachen und scherzen Sie viel, erzählen oder lesen Sie Witze oder genießen Sie gemeinsam lustige Bücher oder Filme.

Hören Sie fröhliche Musik, während Sie den Haushalt machen,

und leben Sie Ihren Kindern vor, wie man dankbar lebt – auch wenn nicht alles glattläuft.

Wir persönlich haben die Angewohnheit, abends, bevor wir einschlafen, Glücksmomente des Tages auszutauschen – kleine Erlebnisse, für die wir dankbar sind. Das hilft, die richtige Perspektive zu behalten.

Fragen an uns:

Wofür sind wir zurzeit dankbar?

Wie können wir unseren Kindern eine Haltung der Dankbarkeit vorleben?

Wie zufrieden sind wir mit unserem Umgang mit Geld?

Was würde sich in unserem Alltag ändern, wenn wir ihn achtsamer gestalten würden?

Zum Schmökern und Informieren:

- Veronika Schmidt: Liebeslust. Unverschämt und echt genießen, SCM Hänssler 2016
- Theresa Bäuerlein und Tom Eckert: Besser als Sex ist besserer Sex. Ein Paar. Ein Jahr. Ein Experiment, Heyne 2016
- Esther Perel: Wild Life. Die Rückkehr der Erotik in die Liebe, Piper 2010
- Stefanie Stahl: Das Kind in dir muss Heimat finden. Der Schlüssel zur Lösung (fast) aller Probleme, Kailash 2015

- Gerald G. Jampolsky: Lieben heißt die Angst verlieren, Goldmann 2005
- Arbinger Institute: The Anatomy of Peace. How to Resolve the Heart of Conflict, Penguin Books
- John Strelecky: Das Café am Rande der Welt. Eine Erzählung über den Sinn des Lebens, dtv 2007
- Ann Voskamp: Tausend Geschenke. Eine Einladung, die Fülle des Lebens mit offenen Armen zu empfangen, Gerth Medien 2014

Gebet:

„Gott, wir danken dir für dein Versprechen, uns in jeder Krise zur Seite zu stehen. Schenke uns offene Augen für die vielen kleinen Wunder in unserem Leben und hilf uns dort, wo wir lieblos miteinander umgehen oder durch das Leben hetzen, mehr Verständnis und Achtsamkeit zu entwickeln.“

Dank

Ein besonderer Dank gilt unseren Eltern – es ist toll, dass ihr immer an uns geglaubt habt und dass wir auf euch zählen können!

Ebenso danken wir unseren Freunden und allen Menschen, die sich durch Gespräche und/oder schriftliche Erfahrungsberichte an der Entstehung dieses Buches beteiligt haben.

Herzlichen Dank an Josephins Tagesmutter Norina – es ist unheimlich wertvoll, unsere Tochter während unserer Arbeitszeiten in so guten Händen zu wissen!

Außerdem bedanken wir uns bei Sarah Kleinknecht und Johannes Leuchtmann von Gerth Medien sowie Damaris Müller, die uns bei der Entstehung begleitet haben.

Wie Ihr Kind rundum zufrieden wird und endlich durchschläft

„Wie bekomme ich ein zufriedenes Baby, das nachts durchschläft? Wie schaffe ich es, als Mutter oder Vater nicht ständig erschöpft zu sein? Dass beides möglich ist, verdeutlichen die Autoren, ein Kinderarzt und ein Familienberater, in diesem praxisnahen Buch."

Thalia.de

In diesem praktischen Ratgeber erhalten Eltern Anregungen, wie man einen guten Rhythmus zwischen Füttern und Schlafen etabliert. Sie bekommen Tipps zum Umgang mit Wachstumsschüben und den damit verbundenen Änderungen im Nahrungsbedürfnis des Kindes. Ferner erhalten Eltern ganz praktische Hilfen, um auf die sich ändernden Schlafbedürfnisse ihres Kindes besser eingehen zu können. Auch wird gezeigt, wie sie einen Tagesablauf strukturieren können, sodass Baby und Eltern zu einem entspannten Miteinander finden.

GerthMedien

Gary Ezzo / Robert Bucknam • Babywise – Schlaf gut, mein kleiner Schatz • Gebunden • 288 Seiten
ISBN 978-3-86591-985-4

MIX
Papier aus verantwortungsvollen Quellen
FSC www.fsc.org
FSC® C014496

1. Auflage 2017
Bestell-Nr. 817253
ISBN 978-3-95734-253-9

Umschlaggestaltung: Olaf Johannson
Umschlagfoto: Uber Images, Shutterstock
Satz: Vornehm Mediengestaltung GmbH, München
Druck und Verarbeitung: GGP Media GmbH, Pößneck
Printed in Germany

www.gerth.de